仏教の本流を往く

川口 勇
Kawaguchi Isamu

東方出版

目次

第三章　『法華経』の一句にまなぶ　181

はじめに―現代仏教寺院事情―

世間に「葬式仏教」ということばが流行語のように語られはじめたのはいつ頃のことでしょうか。一九七〇年代（昭和四十年前後）は日本に大移動がおこなわれた時で、地方の人たちが集団就職というかたちで、どんどん都会へでていくようになった時とかさなります。国勢調査によりますと、それから十年後の昭和五十年、日本の農家戸数が五百万戸を割りました。村には老人ばかりがのこり、若者はどんどん町へ都会へでていくようになりました。農業国から工業国へ。日本の原風景がことごとく消えてゆきました。村から町へでていった人たち、あるいはその関係者たち（配偶者や子供、さらには故郷に残してきた老父母たち）は、いつかかならず死のときを迎えます。「その時」を想像してみてください。

突然の悲しみにうちひしがれていても、死という現実のまえには、ともかく葬式をださなければなりません。近くに知り合いの寺なんてあるわけがない。かといって疎遠になってしまった故郷の住職さんをわざわざ呼ぶことも気のひけることです。人は死ねば肉体は臭くなりゆくばかり。ともかく葬式をだすことが優先されなければならない事態をむかえます。そうしたとき葬儀屋さんというのは頼りになる存在です。扱いなれた手つきで霊体と接してくれます。不慣れな市役所との連絡、精進揚げの手はずはもちろん、式全体を玄人の手さばきよろしく、そつなくことなく運んでくれます。お寺さんについても、宗派ごとの寺院をかかえていますから、難なく紹介してくださる。施主は何もしなくても、枕経・通夜、葬式・火葬へと、あれよあれよというままに、どんどん進行していきます。すべてそこには「金」がつきまといますが、考えかたによれば金で片づくのであれば、それほど手っ取り早いこともないという簡易な思想もなりたちましょう。

地方から都会へでていく人たちが次第に増えていきますと、都会での葬式数は当然のことながら増えていきます。日本全国の他の市や町については調査したことがありませんが、私の住んでいる寝屋川市や隣りの枚方市、交野市、四條畷市といった大阪北部の地方には、もともと葬儀屋さんは存在しませんでした。家に死人がでると、地元の住民たちがそれぞれ分担し、こぞって手伝いをして葬式をだしたものです。江戸時代から伝わるこの風習は、明治維新のときも、戦後の混乱期もものともせず、昭和四十年頃までつづいてきました。葬儀屋さんははいる余地もないしその必要もなかったわけです。しかし人口分布の極端な変化がもたらした結果、葬式の数が増えていった都市部においては、この風習はやぶられていくようになります。というよりやぶっていかざるをえない状況においやられたわけです。人口増加の傾向は右にあげた都市部にもっとも顕著にあらわれているということは、それらの市においては爆発的に人口が増加していったことを意味しています。たとえば寝屋川市の人口は昭和四十年には三万人でしたが、平成二十六年には二十四万人を超えました。死なない人は存在しないわけで、人口増加に伴って死んでゆく人たちが増加するのは自然のことです。葬式をださなければならない家のなかには、他府県からやってきた人たちのほうが多数を占めるようになったこともまた自然のなりゆき。三百年以上にもわたっておこなわれてきた地元主導というか、住民が中心になっておこなわれてきた葬式にはおのずと限界が生じてきます。そこに葬儀屋のはいってくる場所がでてきました。はっきりした史料はありませんが、寝屋川市に葬儀屋さんが目立つようになったのは、昭和四十年前後だったように思います。いきおい都会のお寺はそれらの対応に追われていかざるをえなくなるという結果を生じさせました。ことばを替えて端的に申しますと、都会の寺は葬式によってずいぶん潤うという結果になったわけです。

ここには施主のほうの勝手さが指摘されてもいいのではないかと私は考えます。家に死人がでたとき、葬儀屋さんを頼るのではなく、施主のほうから寺に連絡するということが必要なのではないか。そのためには生前に寺との関係をむすんでおく必要がありますが、このことがじつはとても大切になっているのではないか。葬式をだすという段になってから、見もしらぬ住職に導師をお願いするというのも、それはそれでいいという人もおられるかもしれませんが、死という厳粛な時は、人生にとって最大のモニュメントではないかと考えるとき、生きているうちに自分なりの信仰をもち、特定の寺と関係をむすんでおくことは非常に大切だし、重要なことではないでしょうか。

住職としての私は、ここで考えこまざるをえません。住職というのはけっして人の悲しみのうえに成り立っているのではないことを、この際はっきり認識したいということです。葬式を次つぎ執行しなければならない都会のお寺さん（葬儀屋さんを介してという注意書きは必要ですが）は毎日のように、そのために日をついやしていきます。金銭的に潤うということは、それだけ忙しくなるということにほかなりません。忙しくなれば当然のように心がなくなり、いきおい手抜きをする住職もでてきましょう。あたかもベルトコンベアーに載せられた死人たちが、次つぎと住職の前を通過していくような状況が想像されても仕方ありません。そのような状況下においては、住職によってはお布施を要求するという、とんでもない事態に発展していくことも考えられます。住職といっても人間。欲のない人はいない。

葬儀屋と手を組まないまじめな住職たちは、従来通りのやりかたで、細々と寺を守っていくことでしょうが、一部のこれら葬式坊主といってもいいような心なき住職たちの力が大きくなっていくと、ここにお寺や住職にたいする反発が生じていったとしても、それは当然の結果といわざるをえません。「葬式仏教」と揶揄されることばが生まれでた根拠はここにあるといってもいいでしょう。葬家にとっては簡単に近隣の寺によって葬式がしてもらえ、寺のほうもそれで潤うとなれば、このことばが拡がっていく必然性は、一九七〇年代頃すでに孕まれていたというべきです。当時よく読まれた圭室諦成著『葬式仏教』が出版されたのは、まさに昭和三十八（一九六三）年。いらい、このことばによって象徴される葬式仏教は、日本の、とくに都会を中心に拡がりはじめ、やがて地方へも波及していったわけです。

このような事情のもと、あたかも仏教は葬式のためにあるような印象が、日ごとに強くなっていく感じになっていますが、仏教はけっして葬式のためにあるのではありません。人は百パーセント死の時を迎えます。その死のみに照準をあわせたとき、仏教は葬式仏教というレッテルが貼られる運命をもっていたなどということはできないはずではないですか。人はどのような人も、時がくれば死んでいきます。死んでからお寺とつきあうのではなく、生前からお寺と関係をもち、その結果として葬式はあるのだと考えなければならないのではないか。しかし世の中の動きは、そんなふうにはすすんでゆかず、「葬式仏教」という名称が、やがて個人葬、直葬、お経のない葬式形態へと、あらかじめ予想されていたかのように順次、すすんできました。最近は『葬式は要らない』などという度肝を抜かれるような本がベストセラーになる時代です。人はものだけで生きる存在ではないはずですが、葬式までもがモノとして片付けられてしまう時代へと突入してしまいました。これでは人生は無味乾燥したものになってしまうだけでしょう。

仏教はけっして葬式のためだけにあるのではないとしても、人が死ねば仏教徒としては当然仏式で葬式をださなければなりません。このことを真剣に考える時がきていると私は考えます。一九七〇年代から今日にいたるまで、葬式仏教の名のもとになだれ込んでいった仏教の復権こそ、私たちは目指していく必要があると思うからにほかなりません。

第一章　仏教の本流

――日本仏教の歴史的展望――

仏教とはなにか

仏教とはどのようなおしえなのか。それを一口にいうことは大変にむつかしい。現下の日本仏教は宗派にわかれているから、おなじ仏教といいながら、説かれる内容が百八十度ことなるということさえある。仏教とは何かというもっとも素朴な質問にさえすぐに返答できないむつかしさが漂っているわけだ。これは私たち仏教者の、ひいては宗派仏教をつくってきた各宗派の宗祖たちの責任といってもよいかもしれない。

釈尊の説きだされた仏教はもともと出家仏教としてであったが、歴史のくだるにつれて出家の殻がやぶられてゆき、ことに日本に普及している大乗仏教は、釈尊が説きだされた原始仏教としてでなく、在家志向のつよい仏教として存在している。そこに仏教が宗教として、この国に生き延びえた一つの大きな要因もあると考えてよいだろう。たとえば日本仏教のなかでも、もっとも出家仏教にちかいとされる禅宗においてさえ、その宗派に属しているお坊さんたちは結婚もされ肉食もなさる。肉食妻帯は原始仏教のもっとも忌諱するおしえなのだが、日本の禅宗のお坊さんたちはこれを平気で受け入れ、人々もまたそれにたいして非難の声をあげない。だからタイやミャンマーの小乗仏教のお坊さんたちは、日本の仏教は仏教でないという声をあげることになる。

それは仏教の開祖釈尊が入滅なされたときから始まった。偉大な人物がこの世から姿を消すと、あとにのこされた人々の間に混乱が生じていくのは世の道理。釈尊ほどの人物が入滅なさると、あとにのこされた人々は、ともかく釈尊のおしえをそのまま踏襲していこうとする保守派の人々と、改革路線を歩んでいくほうが時代にあうのではないかという革新派に分かれていく。ごくごく簡単にかいつまんでいうと、前者の路線をかたくなに守ろうとした人々の流れが小乗仏教に、後者の路線を選択した人々の群れが大乗仏教へとながれていったということができる。飛鳥時代の日本に伝播した仏教のほとんどが大乗経典であったことは、そもそも日本仏教が出家仏教として根づいていかない路線を、伝播の当初からもっていた、ということができよう。

それにしても仏教とはなにかという問題は、経験的に理解していくより方法はないのではないかと私は考えている。そこに仏教の深淵さがあるといってもよい。こんなことをいうとずいぶんやけっぱちな矛盾した発言といわれるかもしれないが、仏教の理はこの世に実在する真理そのものを説いたものだから、ちょっとやそこらの説教を聞くだけで、あるいは二冊や三冊の書物を開いただけですっかり理解できるというものではない。それは人生とはそもそも何か、といった質問にたいする回答が質問の数だけ用意されることと似た現象といったほうがよい。説教を聞き、本を読んだものを媒介としながら、自ら経験を積んでゆくとき、徐々に仏教とは何かということにたいする答がかえってくるのである。それは同時に人生とは何かという質問に解決をみるのとおなじ現象ではないかと、私は考えている。

この本では日本の仏教について考えていくことにする。

本流と支流

仏教は川である。おおきな川。「河」といったほうがあたっているかもしれない。この大河は多くの支流をつくってながれにながれ、今も滔々とながれつづけている。

ながれははじめはひとつであったはずだ。もともとひとつのながれであったものが、時代の推移とともに、いくつもの支流をつくっていった。支流が増えていくと、本流と支流との区別が次第にあいまいになってゆく。それぞれの支流は、自分たちのながれこそは本流につながるながれだと主張しはじめる。やがてどのながれが本流で、どのながれが支流なのか、表面的には区別がつかなくなってしまう。みんなが自分のながれを本流だと主張しはじめると、もうお手上げ状態といったほうがよいだろう。今という時代、そんな印象をつよくうける。

毎年だされる『宗教年鑑』によると、日本には仏教だけで百九十六の宗教団体（宗教法人）がある（平成二十六年度版）。浄土真宗のような大きな教団から、不動宗のように寺がひとつしかない教団に至るまで、その一つひとつの仏教団体がそれぞれ自分の宗派が本流だと主張する。宗教というものはもともと信仰世界だから、いってみれば「信」の世界。かのオウム真理教でさえいまだに信じる人がいらっしゃるということだから、「信」の世界はいったんまちがえば恐怖世界につながりゆくといってよい。そういうことで、みんながみんな自分を一歩も譲らないで「信」の世界に埋没してゆけば、そこに生じるのはただ「混乱」という二文字だけが残ることになりかねない。それはそれでよいではないか。勝手に信じ、言いたいように言わせておけば、それでよいではないか、といったあきらめの声さえ聞こえてくる。

しかもそこまでゆくと、今度はいったいほんとうに本流というものはあるのかという疑問がでてくる。それはそうだろう。みんながみんな自分たちのながれが本流というのであれば、本流の本流など真剣に追求する必要などないし、そうした詮索など必要なしということになる。

ここは、仏教の原点にたちかえり、しっかりと冷静な眼で仏教のながれを見つめなおしていく必要がありはしないか。そんなことを言うと、その眼じたいがすでに曇っているのではないか、ひとつのながれの眼を通してみるわけだから、すでに自分という眼でしか見ていないのではないかと言われるかもしれない。

私の立場

私自身は、高校三年のときから七十五歳の今にいたるまでの五十数年間、このことで悩み、迷いつづけてきた。なぜ悩んだのか。何が本流で何が支流かがしっかり把握できなかったからだ。その道筋なるものがいまようやく、かすかながら見えてきた。この文章はその悩みからやっと開放された、悩みおおき一人の坊主の告白の書であると同時に結論の書であり、報告書といってもよい。

私は三十二歳のときに一寺の住職に就任したが、その寺で産声をあげたものではない。ふつうの住職なら寺に生まれ、その寺を継ぐという人が圧倒的におおいなかで、私はわりと自由な立場にあったわけだ。第二章で詳しくいうつもりだが、私は在家出身だから、お坊さんになるためにはそれなりに勉強もしてきた。僧籍をえるためにはどうしてもくぐらねばならぬ宗派の学林も卒業した。紆余曲折を経ながら住職に就任したといってもよい。そのような環境のなかで、今日まで住職をつとめあげることができたことは、私の生涯にとっては幸いなことであったと思う。悩みのなかに生きていくうえにはちょうどよい立場にあった。これまでの住職生活の間に、一時は法華宗大阪教区宗務所長の役職に就任したことがあるが、そのことは今もって私の人生の最大の恥と捉えている。

私が比較的自由な立場をつらぬくことができたのは、私はけっしてひとつのものに拘泥することなく、ひろい立場にたって仏教経典に対することができたからだ。私は法華宗の僧籍をもちながら、それにとらわれることなく、何が真実なのかという視点を忘れることなく、仏教経典に対そうという努力を惜しまなかった。そのために教団からはうとまれる存在であり、このことがまた大きな悩みの種のひとつでもあった。しかし今日まで、その意志を貫いてきた。

大学では西田哲学について考え、卒業論文は「『善の研究』の位置」だった。大学院ではもっぱら鎌倉時代の仏教、なかんづく明恵《みょうえ》上人について考えた。明恵上人は厳密《ごんみつ》の祖といわれている人だが、私が惹かれたのは、その生き方の純粋性にあった。法華宗の僧籍をもつものとしてはあるまじき他宗の僧に目を向けたことになる。他宗の僧に目を向けたということに関しては、私は「日本印度学仏教学会」で平成十七年から二十一年にかけて三回、道元禅師についての研究発表をさせていただいた。この学会においては宗派別に発表者が分類されるが、この間、私は日蓮教団ではなく曹洞宗の部類のなかにいれられた。このことは法華宗門からは疎んぜられる存在になったかもしれない。しかし仏教の原点に立つという意味からは、十分に自分に満足できる経過をたどることができた。僧侶になったその出発のじてんから、「仏教とはなにか」「仏教の本流とはなにか」という問題を自分の僧侶人生の課題としてきたのだから。

つかみにくい大河

ところで、法事とかの読経のあとで、私はよくこんな質問を受ける。

「仏教では霊魂を認めるのですか、それとも認めないのですか」

それは、あるお宗旨のお坊様は仏教では霊魂の存在を認めていないと説かれるが、『サットバ』(正立寺寺報)ではこれを認める記事を載せているし、寺においても私は霊魂の存在を認める内容の説教をしている。いったいどちらが本当なのか、というわけである。霊魂の有無といった簡単な問題ひとつとりあげても、そこに少なくとも有無二通りの回答が用意されるとすれば、仏教とはなにかという素朴な疑問にさえ今日では完全に答えることができなくなっていると言わざるをえない。ことほどさように仏教という大河は、このような質問にさえ忸怩たる思いをしなければならないほどに、様々な広がりをみせているのである。

ひとつの聖典しかないキリスト教やイスラム教とちがい、仏教には無数といってもよい経典がある。そこには宇宙のもっとも深遠なところが説かれているのだが、その一つひとつが、かならずしも同一のことが説かれていないものだから、仏教の門に立つ人は迷わざるをえない。それは仏教の生まれたインドのなかにおいて、すでにいくつものながれをつくっていた。お釈迦《しゃか》様がこの世におられたときには、そのことによって混乱がおきるということはなかったが、偉大なお釈迦様の死とともに、そのおしえは幾つもの流派に分かれていく。お釈迦様の根本的なおしえとはなにかということが、そしてそれをつかむことこそが真実の仏教なのだと考える人は原始仏教の山にわけ入った。しかしお釈迦様の生まれた、そして仏教の生まれたインドにおいては、ついに仏教はなくなってしまった。

問題の根本にあるもの

仏教の歴史は、それまでの仏教を小乗仏教と蔑称した大乗仏教の興隆によって一段と栄えてゆくことになるのだが（仏滅後三百～四百年）、それら大乗仏教者たちによって捨てられた小乗仏教は、それによって滅び去ったわけではない。タイとかスリランカとか東南アジアにおいて、今日も生きつづけている。

このように仏教は大乗仏教としてインドから中国へ、中国から日本へと弘まってゆく過程のなかで、隆盛をほこることになる（北方仏教）。しかしその隆盛はいたずらに裾野（支流）を広げてゆくばかりで、中心点の定まらない方向性のなかに煩悶していったような印象を受ける。仏教とはなにかという素朴な疑問にさえ容易に答えられないほどの多様さを容認してきたといってもよい。仏教は伝播の過程で、多くの変容を余儀なくしていったわけである。キリスト教がバチカンというひとつの大きな中心点から同心円を描いて世界中に宣教されていったのとは対象的。具体的には、中国においては中国仏教として、朝鮮においては朝鮮仏教として定着していったといえよう。その延長線上にあるものとして日本仏教は理解する必要がある。

日本仏教はことに鎌倉時代以降、宗派仏教として根づくことになるから、いよいよむつかしい問題をはらむようになる。たとえば「お坊さん」というと、みんな丸坊主で法衣を着ているし、葬式とか法事では同じような調子の漢文の棒読みお経が読まれ、そこに説教がはいる。そんなイメージは何宗何派にかかわることのない「お坊さん」という姿として眺められる。その限りにおいては、仏教はどの宗派もみんな同じようなものだ、という印象をもたれても不思議ではない。

げんに人が亡くなったとき、宗派にかかわらず同一地域のお坊さんが、葬式の脇導師をつとめられている地域がある。そこにおいては念仏も禅も法華も、また天台も真言もない。各お坊さんたちが違和感をもたれているかどうかは、いちがいに言えないだろうが、一般の人々はそれをよしとしているわけである。そこにおいては「仏教」の名のもとに宗派のちがいも、経典の相違点も超越した世界が生きている。

けれども霊魂の有無というような根本的なところで、説かれる法がすでに異なっているということは、今日の私たちに大きな問題を投げかけていると言わざるを得ないし、一歩仏教の世界のなかへ入った人ならどなたも感じるように、同じく経典といいながら、その説かれることは、左右両域に大きく裾野を張っていることに気づかされる。外形的な様相からは判断しかねる違いがそこには厳として横たわる。

日本の仏教が完全に宗派仏教であるところに問題があるということなのだが、たしかにすべての発言が狭隘な宗派仏教から発せられるとすれば、それはとりもなおさず真実の仏教からは遠く離れたものとしてしか理解されないのではないか。すべての支流が自分たちこそは本流だとして互いに他を譲らないのであれば、ただむなしく平行線をたどるばかり。さきに人が亡くなったとき、宗派の別なく葬式に列せられるお坊さんたちがおられることを指摘したが、そうした姿に違和感をもたない一般の人たちのなかに、じつは仏教は生きているのかもしれない。宗派意識というものは、お坊さんたちの一方的な次元の問題なのかもしれない。

しかしたとえばここに『宗教と科学の対話』(岩波講座・宗教と科学第一巻)という本がある。この本は、仏教の一般論を視座において各学者先生が発言されているものだが、そこにこんなことが記されていた。

日本仏教も聖道門と浄土門にわかれており……

(二五七ページ)

これを読んだ読者は、仏教は聖道門と浄土門という二つに分類されるものと受け止めるだろう。聖道・浄土の二門ですべての仏教が語られるとする立場は、じつは浄土教に立脚するおしえを信望する人々にとっては受け入れられるかもしれないが、これを一般化することはできない。

仏教を聖道門と浄土門に分けた人はインドの釈尊ではないし、日本の聖徳太子でもない。中国において道綽《どうしゃく》禅師（五六二～六四五）が考えだしたことを、日本の法然上人が取り入れて、浄土宗という一つの宗派を開いたとき、これを導入したにすぎない（法然上人の『選擇本願念仏集』に「道綽禅師、聖道・浄土の二門を立てて……」とある）。

仏教を聖道・浄土の二門にわけるのは、仏教のひとつの分類方法でしかないのに、右の書物のようにこれが一般化され、平然となかば仏教の常識として紹介されてしまうと、これを読んだ読者は、仏教とはそういうものと受け止めてしまう。これは宗派仏教がかなり根深いところへまで浸透しているということを示唆してあまりあるといえるだろう。

「日本」と「仏教」

よく「日本仏教」は「仏教」ではないのではないかという声を耳にする。仏教の開祖・釈迦の説いた「仏教」と、日本に定着し流布している「日本仏教」とがいちじるしく懸隔していることを指して言われているのである。そういえば一時は「大乗非仏説」という声もあり、このことはこれまでに何度も論じられた。

仏教伝播の過程において、釈迦の直説がそっくりそのまま伝わっていかなかったことは、残念といえば残念なことかもしれない。それは仏教が多神教であるということとも起因するだろうが、さらに言えば、歴史というものは総じて一直線にはいかないものだ。思想とか宗教の伝播には、とくにそれが顕著にあらわれる。ひとつのものが、どれほど大切に取り扱われても、変形していく必然性は人間歴史の限界といってもよい。歴史の進歩と限界がそこに宿っている。「日本仏教」が果たして「仏教」かそうでないかという議論はここではひとまず措き、今は「日本仏教」もまたれっきとした「仏教」であるという前提にたって考えてゆきたい。こんなところで立ち止まっていては、すこしも先へ進まないだろう。

まず日本に伝えられた仏教は、一部を除き、当初から大乗仏教であり、日本にはそれ以外の仏教はないという前提がある。東南アジアにおいて今も信仰されつづけている仏教は、すべて小乗仏教なので、その目で日本の仏教の姿をみると、「日本仏教は釈迦仏教ではない」といわれてしまうが、日本にはほとんど小乗仏教は存在しない。だからここでは日本に伝えられた仏教——大乗仏教としての仏教のみについて考えてゆく。

「日本仏教」といった場合、もっとも視野にいれなければならない点は「日本」と「仏教」との関係という点に求められることは疑いのないところだろう。それは一口にいえば「ホトケとカミ」ということになる。

ホトケとカミ

仏教は欽明天皇七年（五三八）に日本に公伝したが、それまでの日本人の宗教である神の道（神道）との関係は、その伝播当初から問題にされた。「日本仏教」と「仏教」との懸隔もまた、この問題のなかに吸収されると考えてよい。時代は次つぎとかわり、歴史は滔々と流れてきたが、この神仏習合の問題は、その時その時、日本と日本人に深くかかわってきた。

日本は神の国といわれるように、仏教伝来以前に日本古来の宗教として「神の道」があった。それはどこまでも「神の道」なのであって「神道」と規定することのできない土着の思想といったほうがよいだろう。日本人は古くから山とか川とか滝、また海や森、さらに雨や風や雷にさえ霊的な力があると考えた。それらの力を「カミ」と規定したのである。神社のはじまり、またはその意義については、次の解説が要をえている。

神社〈神のやしろ〉の意。日本の神社の起源は、もと、村の相談会の場として静かな森（杜《もり》）とか山が選ばれたことに端を発する。そのさい、自然の中の神霊の力を借りて事を運ぶことを考え、その場に神霊を呼びよせ、寄りつかせる道具（依代《よりしろ》）を工夫した。依代には自然物や人工物（鏡・玉・剣など）あるいは特定の人間（巫女《みこ》・稚児《ちご》など）があてられ、たとえば森の中の大木に標縄《しめなわ》を張って依代とするなどのことが行われた。そのようにしつらえられた村の集会場（社《やしろ》）が〈神社〉の始まりで、神社を古くは〈やま〉とか〈もり〉と呼んだゆえんでもある。後世に見られる社殿を持った神社とか常在の神像などは、伝来した仏教による寺院建築・仏像彫刻の影響を受けたものであるが、始めの遺風は現在でも残っており、たとえば奈良の大神《おおみわ》神社は三輪山が神体となっていて、神像はなく、したがって拝殿はあっても神殿は造られていない。

（『岩波仏教辞典』より）

日本の歴史書で「神道」の語が頻出するようになるのは、院政期（白河天皇代の一〇八六年から後白河院の一一九二年）以後であるが、それが宗教的な意味をもつようになるのは吉田神道（唯一神道）が成立する室町時代だといわれている。それ以前は日本人は自然の山や石や水のなかにカミを感じていた。

「カミ」について

「カミ」とはなにか。これを的確に意味づけたのは江戸時代の国学者本居宣長《もとおりのりなが》（一七三〇〜一八〇一）である。その説をみておきたい。

凡て迦微《かみ》とは、古《いにしえの》御典等《みふみども》に見えたる天地の諸《もろもろ》の神たちを始めて、其《そ》を祀《まつ》れる社に坐《いま》す御《み》霊《たま》をも申し、又人はさらにも云はず、鳥獣《とりけもの》木草のたぐひ海山など、其余何《そのほかなに》にまれ、尋常《よのつね》ならずすぐれたる徳《こと》のありて、可畏《かしこ》き物を迦微《かみ》とは云なり。すぐれたるとは、尊《たふと》きこと善《よ》きこと、功《いさお》しきことなどの、優《すぐ》れたるのみを云に非ず、悪《あし》きもの奇《あや》しきものなども、よにすぐれて可畏《かしこ》きをば、神と云なり。

（『古事記伝』〈三〉）

右の説明によると、神はふつう一般の次元では説明することのできない力をもって、人間の吉凶や禍福を左右するものという意味をもっている。ことに「たたり」（神仏による悪いむくい）の観念と神との関係には深いものがある。そのため畏怖・畏敬の念を呼びおこすようなさまざまな存在としての意味を本居宣長は説いた。このような日本の神は、もともとは姿形を持たず、目には見えない存在。定まった社もなく、どこまでも人々からまつられるときに依代《よりしろ》に降りてくる神として規定できるものとしてあった。

要するに、古い時代の日本人にとってカミは、はっきりした姿とか形としてはとらえられていない。もともと神という存在は、私たちが生き死にする現実世界（顕界）とは次元を異にする世界だから、神は目に見えないということは、なにも日本人にのみ特有なものではない。そのうえにたって、日本人は、とにかく得体の知れないものすべてをカミと称したのである。その意識は平成の今日にいたってもなお払拭されたものとはなっていない。

日本人のカミにたいする考えかたを、もっとも象徴するのは神社におまつりされている「御神体」だろう。御神体とは、仏教でいうなら「御本尊」だ。横田健一先生の『飛鳥の神がみ』（平成四年・吉川弘文館発行）には、興味ぶかい次のようなことが紹介されている。

飛鳥坐神社《あすかにますじんじゃ》にお参りした人の眼をとくに驚かすのは、参道の両側をはじめ、何百本となく境内におびただしく立っている男根形の石である。これは、いったい何を意味するものか。このように石製または木製の男根形のものを奉納する神社は、日本中に少なくなく、たとえば愛知県北部の田県神社などは有名で、祠の中に何百本という男根形が納められている。なお同社の姫宮の背後には女陰形の巨石があり、御神体になっている。

ご神体

御神体という意味では、大神神社の山じたいが御神体であるという祭祀形式は、自然界に存在するもののうち、なにかタタリまたはケガレを想像できるものがカミとして、またご神体としてまつられることになったと考えられる。素朴な日本人の神にたいする畏敬の念をみることができるだろう。姿かたちはないけれども、霊的な存在としてそれらを崇拝するところに素朴な日本人の宗教観がうかがえる。

神社の御神体は、右に述べられているように、男根形の石や女陰形の岩石もあるが、単に石とか、樹木とか、さらに玉、剣、神像（絵画や彫刻など）、鏡といった加工品がおおくまつられている。大半の神社がそのようなものをいかめしくも、「ご神体」としてまつっているわけである。

ここで思いだすのは福沢諭吉の『福翁自伝』の話だ。諭吉の幼少の頃の有名な逸話だ。ここでは漢字や仮名遣いをすこし改めて、引用しておく。

今度は一つ稲荷様を見てやろうという野心を起こして、私の養子になっていた叔父様の家の稲荷の社の中には何がはいっているか知らぬと明けてみたら、石がはいっているから、その石をうっちゃってしもうて、代わりの石を拾うて入れておき、又隣家の下村という屋敷の稲荷様を明けてみれば、神体は何か木の札で、これも取って捨ててしまい、平気な顔していると、間もなく初午《はつうま》になって、幟《のぼり》を立てたり太鼓を叩いたり御神酒《おみき》をあげてワイワイしているから、私はおかしい。「馬鹿め、おのれの入れておいた石に御神酒をあげて拝んでいるとは面白い」と、独りうれしがっていた。

この話について考えてみると、ご神体の石をほかの石に置き換えたり、石を捨ててしまった本人（諭吉）に罰があたらなかったかどうかという問題よりも、自然にたいする素朴な対しかたに、日本人のDNAとしての根本的な宗教性が宿っていると考えたほうがよいだろう。それは不合理なことかもしれず、理屈にあわないことかもしれない。しかしこのような観念のなかに日本人のもっとも根本的な宗教的な性癖があらわれていると見られる。

『福翁自伝』の話はとても痛快な話だが、諭吉ならともかく、一般市井の人なら、このような、神を冒涜するようなことはしないだろうし、できはすまい。しかしこの話によって、神社のご神体というものがなんの意味もなさないような、ただの石ころであるということがわかる。神社にまつられる御神体の本質が何であるかを、この話は如実にものがたっている。『福翁自伝』が出版されたのは明治三十二年（一八九九）だから、今から百年以上もまえになる。ご神体の内容が何であれ、いったんご神体として崇められたなら、それは立派なご神体として通じていく。石ころであっても、ご神体ともなればただの石ころではなくなるというわけだ。

これと類似する話は出雲大社についてもいえる。出雲大社の祭神は今は大国主神《おおくにぬしのかみ》としてまつられているが、社ができる前にはそこに大きな岩が横たわっていたといわれている。この岩がもともとのご神体だった。それは寛文七年（一六六七）に寛文造営がおこなわれた時、この地の山裾を石垣にするために切り出したところ、そこにある大岩の下から翡翠《ひすい》や勾玉《まがたま》やブロンズの戈《ほこ》ができた。これは、その大岩を神の依代《よりしろ》として神まつりがおこなわれていたことを示すものである。つまり神へのささげ物として、翡翠や勾玉を大岩の下に納めたというわけ。後になってその上に社が築かれ、今にみる壮大な神社建築に発展していった（千家和比古「出雲大社の造営の歴史」『伊勢と出雲の神々』所収）。

伊勢神宮についてもひとこと言っておこう。姿や形のないものをひとつの形にしたことを示す貴重な史料が伊勢神宮に遺されている。『皇大神宮儀式帳《こうたいじんぐうぎしきちょう》』というもので、平安初期に成立したもの。そのなかに伊勢内宮管内の神社四十のうち、官社とされた二十五社の神の形についてのべた箇所があり、そこには神の形として「石」「水」「鏡」などとあり、なかには「形、無」とあるのもあって、これはご神体の形さえないことを示したもので、すこぶる興味ぶかい。つまり伊勢神宮管内にまつられているご神体は、石やら水やら鏡であるというのだ。そればかりか、姿かたちがないものまでもがカミとされていた（岡田荘司編『日本神道史』）。日本人の素朴な信仰心をそこにみることができる反面、諭吉のような実証主義者には馴染まないとも考えられよう。

「カミ」と「仏教」

時代が古代社会から中世社会にうつり、さらに近世、近代そして現代へと移行するうちにも、この日本人のもっとも根本的な思想なり宗教性は、そのまま打ち破られることはなかった。近代彫刻の粋をあつめて建築された大建造物などが、地鎮式はもちろん除幕式などにおいても、かならず宗教的な儀式――たいがい神道方式でおこなわれるが――を経なければ一般に利用されないといったことのなかに、滔々と生きてきた日本人の宗教性を目の当たりにする。そこでは神主さんが、かならず祝詞をあげられる。

仏教について考えるときにも、こうしたカミ観念をぬきにしては語ることはできない。飛鳥時代に仏教が伝来してきたときの、いわばホヤホヤの仏教に対して、当時の日本人がどのような考えなり印象なり、信仰的あるいは宗教的意識をもったかを考えることは重要である。なぜなら、その時の仏教受容こそは、やがて日本に根をおろすことになる「仏教」が、いわゆる「日本仏教」という特殊なフィルターを通して定着していく筋道のルーツともなっていったのだから。飛鳥時代に受容された仏教を知ることは、日本仏教の根本的な性格を知ることにつながり、これ以降に形成されていく日本仏教を規定づける決定的ともいいうるものが、そこに根ざすと考えてもよいだろう。

仏教がカミ、あるいはカミ的なものと、どのようにかかわりあったかということを明確にすること、そこに日本の仏教を解くカギが秘められていると、私は思う。それは一口にいえば、神仏習合思想であり、本地垂迹思想なのだが、そうした「思想」でくることのできないほど根深いところに、じつはこの問題はどっかりと腰を据えて日本および日本人をながいあいだ、規定してきたというふうに理解しなければなるまい。このキーポイントを外して、たんに仏教からのみ、逆に日本思想からのみで見ようとするところに、いろいろちぐはぐな点がでてくるのではないかと考えられる。

仏教伝来の様子

仏教が欽明天皇七年（五三八）に百済・聖明王によって日本に伝えられたとき伝来したものは仏像と経論であった。それまでの日本人にあるものは素朴な自然崇拝としてのカミでしかなかったから、これら仏像や経論はおおいに驚きの目で見られたことであろう。

これら仏像と経論にたいして、当時の日本人はどのような印象をもったのか。それを『日本書紀』によってみてみると、だいたいこういうことになる。

仏像と経論が伝えられたとき、天皇自身はこれを信奉していいかどうか迷われた。そこで周囲の人々に、次のように訊ねられた。

「西蕃《にしのとなりのくに》のたてまつった仏の相貌は、おごそかで、今までまったくなかったものだ。礼拝すべきか否か」

重臣の一人蘇我稲目は、諸国で信奉されているものを日本だけが拒否する理由はないと主張した。ところがもう一人の重臣・物部尾輿は、次のように答えた。

「わが国を統治される王（きみ）は、つねに天地社稷《あまつやしろくにつやしろ》の百八十神《ももあまりやそかみ》を春夏秋冬にお祭りになることをそのつとめとしておられます。今それを改めて蕃神《くにつかみ》（仏）を礼拝されるならば、恐らくは国神の怒りをまねかれましょう」

そこで天皇は、

「礼拝を願っている稲目にさずけ、試みに礼拝させてみることにしよう」

といわれたので、稲目はひざまずいてそれを受け、大変喜んで、これら仏像や経論を小墾田の家に安置し、一心に悟りのための修業をした。また向原《むくはら》の自分の家を喜捨して寺とした。ところがその後、疫病が流行して人民が次つぎに死んでゆき、治療ができなかった。そこで物部尾輿等は、

「いまならまだ遅くない。もとにもどしたらきっとよいことがありましょう。早く仏像を投げ棄て、後の幸福を求めるべきです」

と申しあげた。

すると天皇が「申し出のとおりにせよ」といわれたので、官人らは仏像を難波の堀江に流し棄て、また伽藍に火をつけ焼きつくしてしまった。すると今度は、天に風も雲もないのに、にわかに大殿（磯城嶋金刺宮の客殿）から出火した。

以上は井上光貞氏監訳による『日本書紀』（中央公論社、一九八七年）から引用したものである。

二つの意味

ここには二つの大きな問題が秘められている。ひとつは「蕃神」という表現、他のひとつは仏像を流し棄て、伽藍に火をつけて焼き払ったという事実である。『日本書紀』はこの後、仏教が

日本に土着してゆく行程を書きつらねてゆく。

「蕃神」という表現は、仏教もまた神としてとらえられているということを示している。隣国の神が即ち仏教という考えかた。これはカミというものの観念は、それほど広い意味に解釈されていたとも受け取れるし、ひじょうな曖昧さをのこしているとも解される。カミもホトケも同一平面上のもの、ホトケもカミの一種という観念がそこには横たわっていた。時代の経過とともに、中世という時代になると、カミとホトケとは別のものという認識下におかれるようになるが、仏教が日本にはいってきた当座は、まだそこまでは思想が純化されていない。だから二度目、伽藍に火をつけて焼き払ったのは、仏教が一挙にカミの座からひきずりおろされてしまったと解釈できよう。

事態はそれで収まらず、今度は天に風も雲もないのに、にわかに大殿から出火すると、ふたたび仏像をまつることになる。これはタタリという考えがそこにある。とても直截的というか、単純というか、当時の最高権力者たちは、二つのものを善か悪か、正か不正かで、切ったりつないだり、平気でおこなっていた。そもそもカミというものの本体はそのような曖昧さのなかにとらえられていた。

物部氏と蘇我氏との政権争いをからませつつも、このようなカミとホトケとの争いは、いろんな経緯を経ながら、最終的には天皇は蘇我氏の意見を尊重することになる。仏教が日本に受容されることになったわけである。高踏的な宗教観念がそこにあったわけではないことを、私たちは知る必要があろう。

仏教と蘇我氏

日本の仏教を考えてゆくうえで、蘇我氏の存在を無視することはできない。仏教は蘇我稲目のときに伝来し、彼は仏教に対して積極的な立場を推進した。やがて仏教は日本に根づくことになるが、その立役者はほかならぬ稲目の子、馬子であった。彼は天皇家と姻戚関係をむすび、当時の日本を思うがままに動かした人物。煩わしいので系図は掲げないが、たとえば欽明・推古・用明・崇峻の各天皇はすべて蘇我氏と姻戚関係をもっている。その馬子によって日本で最初の本格的な仏教寺院、法興寺（飛鳥寺）は建立された。用明天皇の子である聖徳太子との密接な関係はこのなかから生まれてゆく。仏教にとって、蘇我氏の存在は大きい。

蘇我氏は当時の日本の政治権力の中枢に位置していた人物だが、そういう政治家としての蘇我氏をぬきに日本の仏教を語ることができないというところに、じつは日本仏教のおおきな特色があるということは、重要なポイント。仏教は権力の中にとりいれられねば、この国に根づくことができなかったといってもよいのだ。たんに宗教というカラーとしてでなく、政治的、世俗的な囲い込みによって仏教は日本に受容されることになった。それは仏教の根幹をなす考えかた、たとえばさとりをひらくための修行とか、出家思想、さらには成仏といったおしえからはほど遠いものといわねばならないが、このような矛盾をはらまなければ、仏教はこの国に定着することはなかった。仏教は非仏教的な鎧を着ながら、日本仏教としての道を歩みはじめることになる。このことの意味はすこぶる大きい。なぜなら日本の仏教のながれは、それ以後も政治権力と密接な関係をもちつづけてゆくのだ。

日本仏教の政治性

およそ仏教が日本に根づいた時として、飛鳥時代と鎌倉時代と江戸時代をあげることができる。古代仏教があまりにも政治と密着したものであったことは周知のところだが、仏教が深く日本に定着することになる江戸時代もまた、きわめて政治臭のつよい性格を帯びていた。江戸時代に仏教が徳川幕府のあつい保護を受けなかったならば、おそらく今日の仏教は存在しえなかったといっても過言ではなかろう。飛鳥時代と江戸時代ほどではなくても、各時代ごとに日本の仏教は何らかのかたちで政治権力との結託によって、その命をながらえてきた。

さきに私はカミの存在を抜きにして日本の仏教は語ることができないといったが、ここに政治をも抜きにしては考えられない面のあることが指摘できる。このことは仏教が仏教独自の立場としてではなく、土着の宗教や俗っぽい政治勢力のなかにおいてこそ、根をおろし定着することができたことを意味している。

その半面、政治権力とは無関係に、いやどこまでもそれと対決して純粋な仏教の精神を求める人々の群れもまた、各時代を通じて存在したことを、私たちはありがたく受けとめることができる。政治権力と結ばれた仏教と、そうではない仏教という二つのながれを日本仏教はかかえてきた。そうしたなかで、もっとも私たちが注目するのは、鎌倉時代におこった新仏教と称される一群の仏教者たち。くわしくは後に述べるが、この政治とかかわったか、かかわらなかったかという双方の力がシーソーゲームのように往来しつつ、仏教は日本の国民的宗教へと発展していったと考えてよい。

日本最初の寺の誕生

さて蘇我氏のことであった。

政治権力との結託ということを象徴的に暗示したもの、それが蘇我氏を中心にした飛鳥仏教である。飛鳥仏教とは、とりもなおさず日本にとってはもっとも古いかたちの仏教ということができる。日本仏教の入り口といってもよい。その入り口の仏教に、でんと構えたのが蘇我氏。蘇我氏なくして日本に仏教はない。純粋な仏教的立場からすれば、一見矛盾かとも考えられるこの過程を踏みながら、仏教は日本に根をおろすことになり、やがてわずかな歴史的空間に枝葉を張りつづけ、奈良時代には国家仏教という大木へと成長をとげてゆく。それ以来、仏教は宗教的にも文化的にも深く日本人のなかへふかく入り込み、日本と日本人にとってなくてはならぬ存在になりゆく。

蘇我氏は『日本書紀』では孝元天皇（第八代天皇）の段にでてくるのが最初で、五世紀頃からは廷臣としての位置を占めるようになった。その勢力がいちだんと大きくなるのは稲目が大臣になった頃から。蘇我氏は百済との関係がとても深く、朝鮮からの外来人ではないかとの説が有力。仏教を積極的にとりいれようとした蘇我稲目は、百済から将来された仏像を自分の家に安置し、向原の家を寺として「豊浦寺《とゆらでら》」と称した。これが日本における最初の寺の誕生である。この寺はさきに述べた『日本書紀』にあるように、物部氏との争いで焼却され、仏像等は難波の堀江に捨てられた。

今その地には、それを示す古い石碑が建っていて、それほど大きくもないお寺が甍をあげている。ところがおどろくべきことだが、この寺は、こともあろうか現在は「向原寺」という浄土真宗本願寺派の寺になっているのだ。どうして豊浦寺が向原寺と改称して浄土真宗本願寺派の寺になったのか。おそらく浄土真宗の布教のほこ先が、ここまで伸びたということだろう。「日本最初の仏教寺院」と「本願寺」では何だか似合わないように思われるのだが、こういうところへまで本願寺教団は勢力を伸ばしていったということだろう。

蘇我稲目のあとを継いだ馬子は、物部氏を滅ぼし、思うさま日本をうごかしてゆくが、このことは仏教にとってはありがたいことといわねばならない。当時の記録を『日本書紀』によってみてみると、欽明二十二年（五五三）五月には、わが国初の仏像が制作され、敏達六年（五七七）十一月には百済王が日本に帰る大別王《だいべつおう》らに、経論や律師、禅師、比丘尼、造仏工、造寺工ら六人を献じたこと、敏達八年（五七九）十月には新羅が仏像を送ってきたことなどがわかる。

敏達十三年（五八四）九月には、蘇我馬子は二つの仏像を供養しようと思い、そのための修行者を求めた。還俗の尼、高句麗の恵便《えべん》をさがしだし、これを師として達《たっ》羅のむすめ嶋《しま》を得度させて善信尼とした。また善信尼の弟子二人を得度させた。日本で最初の僧侶の誕生が尼であったことは興味ぶかいが、このことはカミに仕えるものは女であったという日本古来の信仰が、このような形をとったものではないかと考えてよい。

これらの経緯を経て、いよいよ日本に本格的な仏教寺院建立の計画が立てられる。法興寺の建立である。それは崇峻天皇元年（五八八）のことであった。四年後の五年（五九二）には仏堂や回廊などが建てられ、推古天皇四年（五九六）には塔が完成した。推古天皇十三年（六〇五）には、天皇は聖徳太子や馬子など大臣に、銅製と刺繍製の丈六仏をつくるようにとの詔勅をだされている。飛鳥大仏の制作だ。日本の仏教は、こうしていよいよこの国におおきな根を張ろうとした。

飛鳥寺と飛鳥大仏

日本最初の仏像である飛鳥大仏は、今あまりにも手狭な飛鳥寺本堂のなかに安置されている。本堂には大仏以外のものはなにもないという感じで、大仏の大きさと本堂とのつりあいが、いかにもちぐはぐという印象をうけるが、それにはわけがある。

いま明日香の里に建っている飛鳥寺は、建立以来約千年後の元禄時代、ほとんど壊滅状態になっていたのを、安居院《あごいん》と名前を変えて再興されたもの。だから飛鳥寺という名前は今は存在しない。この寺は通称は飛鳥寺だが、それは飛鳥という場所に建てられたからこの名前が一般的になったまでで、最初にこの寺を建てた蘇我馬子は「法興寺」と名づけた。その後、この寺はいろいろな変遷をとげている。奈良時代には「元興寺」と呼ばれたときもあり、さらに「元元興寺」と呼ばれたときもある（のちに奈良に「元興寺」が建立されたので、わざわざ「元」の名を付加した）。

現在（平成二十七年）は、この寺は案内の地図に、「安居院」と書かれてある。

飛鳥寺は昭和三十一年から三十二年にかけて、あたりの田圃を掘り起こして三回ばかり発掘調査された。その結果、この寺の規模がとてつもなく大規模だったことがわかった。金堂の基壇の大きさは正面（東西）が二一・二メートル、奥行（南北）が一七・五メートルということがわかった。これは法隆寺の大きさ（二〇・五メートル×一七・二メートル）とほぼ似ている。さらに講堂、南門、中門、西門、東西の回廊、南北の回廊、正面に向かう参道、西金堂と東金堂、法隆寺五重塔と同規模の五重塔、さらにはこの塔の下部には舎利を納入する「舎利孔」が存在したことまで確認できた。これは『日本書紀』に「仏の舎利を以て、法興寺（飛鳥寺）の礎の中に置く」という記載を裏づけるものだった。

仏教公伝より五十年目の崇峻元年（五八八）に蘇我馬子の発願によって建立されたこの寺は推古四年（五九六）に完成するが、ご本尊の釈迦如来（飛鳥大仏）は推古十七年（六〇九）に完成し、中金堂に安置された。作者は鞍作鳥仏師《くらつくりのとりぶつし》である。「止利仏師《とりぶつし》」とも表記され、中国南朝の梁から来朝した人という。いわゆる止利派という仏工の一派を形成し、この後、法隆寺金堂の釈迦三尊像や薬師寺の薬師如来像などをつくり、歴史にその名をとどめた。

伝来した仏教は当初、渡来人たちの手によって、まず寺や仏像という外形的なものをつくることによって、徐々に日本の国に定着していったことがわかる。その後、日本最初の仏像・飛鳥大仏は、飛鳥寺の有為転変の歴史と運命をともにしてゆく。鎌倉時代の建久七年(一一九六)には落雷のために寺は全焼するが、ご本尊は頭部と手だけが焼け残り補修された。そのあとにも幾度か補修がくわえられていったようだが、それでもなんとか原形をとどめ、一千四百年もの間、当初置かれた位置だけは離れることなく鎮座ましましている。

聖徳太子の登場

仏教はこうして日本に定着してゆく道程をふんだ。まずかたちからできあがっていったわけだ。かたちが単にかたちだけで終わるなら、仏教は日本人の血肉とはなりえなかったであろう。日本歴史はここに聖徳太子という偉人を登場させ、仏教を日本の宗教へと展開させてゆくことになる。

聖徳太子がこの世に生を受けたのは敏達天皇三年(五七四)。史書に記された仏教公伝の年が五三八年だから、太子は仏教公伝の三十六年目に誕生されたことになる。仏教のそれ以後の発展が、太子に負うところがおおきいことを考えると、仏教伝来と聖徳太子とは時宜をえた関係をむすんだと言いえよう。偉大な人物は歴史の大切なときに、かならず輩出するという歴史の教訓が、ここにもひとつの確固とした証明を提示しているといってもよい。

仏教各宗派の宗祖の名前は知らないという人も、聖徳太子の名前を知らない人はそうはいないだろう。一昔前までは五千円札や一万円札の顔として使われていたから、聖徳太子の名前を知らなくても、そのお姿だけはだれでも知っていた。おそらく日本でもっとも有名な人物といってもよい。その裏づけとしては、聖徳太子について書かれた書物のおおさに表れている。それは江戸時代以前にすでに千種を超えており、明治以降においては、聖徳太子を主題にした著書は三百冊以上、論文ともなると千篇を数えることができるという（田村圓澄著『聖徳太子』）。日本人のなかで、これだけ多く書かれた人物は他にはない。

これだけ多く書き接がれてきた有名人なのに、平成時代の今日においても、新しい太子像がなおも次つぎにつくられていることは不思議というほかない。たとえば梅原猛氏著『隠された十字架』はベストセラーになったし、豊田有恒氏著『聖徳太子の悲劇』は現代という視点からその実像に迫ろうとしている。また井沢元彦氏著『逆説日本史』は特異な手法で太子像を追っている。これらのことは、太子という人が本当のところはまだよくわかっていないということを示しているといってもよいだろう。なかには聖徳太子は存在しなかったと主張される人もあるほどなのである。

唯仏是真《ゆいぶつぜしん》

それらの説は説として、ともかく日本の仏教にとって聖徳太子の存在は大きい。太子が出世されなければ、日本の仏教がその後、どのようなかたちに変貌をとげたかさえわからず、不透明のままながれていった可能性は否定できない。仏教は太子によって、日本仏教のひとつの方向づけを決定的にしたといってもよい。その方向づけはどのようになされたのか。

伝来した仏教は、蘇我氏という権力者によって日本に根づくことになるが、蘇我氏的な受容は、仏教は宗教的側面というより、政治的に利用された面がつよい。その実態についても仏像とか仏殿といった外形的な指向性をつよく打ち出したものだった。「外国の神」と認識された仏教が、日本の土に溶けてゆくためには、この時期においては、この方法がもっとも最適だったということかもしれない。蘇我氏もまた、仏教にとっても、日本にとっても、この時期、それなりの重要な役割を果たしたのだ。

聖徳太子もまた政治家と宗教家との二面性をもつことは注目してよい。なによりも彼は出家者ではなかったことを銘記する必要がある。政治家としての聖徳太子は、推古天皇の摂政としての立場だし、宗教家としては三経（「法華経」「維摩経」「勝鬘経」）の講義をし、それらのなかに太子が深く仏教の深遠にたどりついていたことが知られる。さらに四天王寺や法隆寺などの寺を建立。特筆されるべきは「天寿国曼荼羅繍帳」（中宮寺蔵）に「世間虚仮《せけんこけ》、唯仏是真《ゆいぶつぜしん》」と書き残されていることで、その意義はおおきい。世間（政治）は嘘ばかりが跋扈するところだが、仏の世界（宗教）には真実が宿るという世界観。一口にいえば「聖と俗」の問題といってよい。この問題提起は、太子以来、日本仏教史の重要なテーマになってゆく。

さきに私は、日本仏教が政治的な権力によって土着を可能にしたと述べた。ここで改めて仏教と政治との関係について考えてみると、そこには次の三点が指摘される。ひとつは政治の理念として仏教が活かされる点。二つめは政治を動かしてゆく上で仏教が利用された点。三は仏教が政治とは無関係に庶民のなかで信仰されつづけた点である。

これを日本仏教の三つのおおきな山にそって考えてみると、蘇我氏の受容した仏教、または江戸幕府のとった政策上の仏教は、あきらかに第二の点に属する。聖徳太子の仏教理解や奈良時代の仏教は、第一の点に属するといえる。そして鎌倉時代に誕生した仏教群像は第三の点に属すると考えてよい。

総じて日本の仏教は、第二の点が強調されたとき、おおきく飛躍した。これは第三点の仏教を開いた鎌倉時代の各宗祖たちの仏教のその後の進展が、おおく政治的手腕のある人々によって可能になったことを考えれば理解がはやい。たとえば浄土真宗における蓮如聖人や、曹洞宗における瑩山《けいざん》禅師などがあげられる（詳しくは後に述べる）。そこにおいては、親鸞聖人や道元禅師という各宗祖の思想は完全にといってよいほど歪められてゆくのだが、それでも「宗祖」という冠は外されはしなかった。外されるどころか、むしろますます信仰の対象になっていった。浄土真宗も曹洞宗も、いまや親鸞聖人や道元禅師の説いたものは影をうすくしている感をうけるが、宗祖として特異な位置を占め、おおきな存在者として今も生きつづけている。宗祖と教団の関係はまったくといっていいほどのちがいをみせているのだが、教団の人たちはそれを表にだしては言わない。仏教は日本にあって、常に自己矛盾のなかに呻吟せざるを得ぬ状況のなかで、歴史をくぐりぬけてきたという感がつよい。

日本仏教の三点の特色のうち、第三の点を強調する仏教者の流れこそは、ほんとうの意味における仏教の日本への定着と考えてよいだろう。その原初に、聖徳太子は位置づけられる。聖徳太子の仏教は政治的な接点を持ちながら、むしろそこを超えた純粋仏教の系譜につらなるからである。政治性からの脱却によって仏教的に生きる道を開拓したところに聖徳太子という人の意義と価値はある。

日本の仏教はまさに聖徳太子によって真に開眼した。

日本仏教の本流その一・聖徳太子

聖徳太子は、すでに死去直後から法王（または法皇）と呼ばれるなど、神格化され、超人間的存在となされ、太子信仰という独特のスタイルをもって人々の信仰を得てゆくようになる。そうした特異性を太子はもっていた。私たちはしかし、太子がどうして「太子信仰」という独特の信仰をあつめるようになったのかということよりも、そのようにとらえられた仏教者聖徳太子が目指した仏教理解そのもののほうが大切だと理解しなければなるまい。さきに指摘した仏教理解の第三の点とは、ここらの状況を指している。

聖徳太子によって開眼した日本の仏教は、それ以後ひじょうにはやいスピードで進展の一途をたどる。たとえば当時の寺の数である。推古天皇三十二年（六二四）に四十六カ寺だったのが、六十八年後の持統天皇六年（六九二）には五百四十五カ寺を数える（『扶桑略記』）。僧侶や尼僧の数がこれに比例して増加していったことはいうまでもない。

ここで考えておかねばならないことは、このように多数の寺院が建立されていった理由がどこにあるかということだ。ふつうには天皇や国家の繁栄といった現世利益がそこに込められていたといわれる（たとえば辻善之助著『日本仏教史』）。それが偽らざる日本の仏教史のありさまなのであるが、はたして聖徳太子はそのような仏教を目指されていたであろうか。

聖徳太子が理想とされた仏教とは、いったいどのような仏教を指しているのかと問うてみると、このことは従来あまり追求されてきていないという印象を受ける。たとえば中村元先生は「聖徳太子と奈良仏教」（中央公論社発行『聖徳太子』所収）において、法隆学問寺（法隆寺は当初このような名前で呼ばれた）において研究されていたものが、「律・三論・唯識」といった観念論的なものばかりであったと指摘され、仏教がきわめて抽象的に研究されていたことに疑念を抱かれている。

仏教がむつかしいという印象は今日においてもしばしば受けるが、その淵源は飛鳥時代にまで遡及することができるというのである。中村元先生はこれはおそらく仏教が中国や朝鮮においても研究されていたので、それらと肩を並ばせる意味あい（中村先生はこれを「コスモポリタン的性格」といわれる）が含まれていたのではないかと述べられている。コスモポリタン的性格というのは、ちょうど明治維新のおり、急速に入ってきた西洋文化におくれをとってはならじと、先進文化をむさぼるように摂取して、わが国の文化を根底から構築し直そうとした事情（大橋一章著『飛鳥の文明開化』）に一脈つうじるものがあろう。日本人は、とにかく他人に負けてはならないという性癖をもつ人種なのだ。

聖徳太子はしかし、その先をすでに見ておられたのではないか。仏教が何を説こうとし、何を目的とするものなのかをよく知られたうえでの「三経義疏」の講説ではなかったかと考えられるのである。「法華義疏」のなかに、聖徳太子独自の経典に対する意見として、『法華経』（「安楽行品」）に「常に坐禅を好んで、閑かなる処に在って、その心を修摂せよ」とあるところを、「常に坐することを好む小乗の禅師に親近せざれとなり」と解釈をほどこされている。ここは『法華経』の重要な箇所だ。仏教が単に坐禅という仏教行為の中で、より出家的な方向をめざすとき、それは法華経本来のものとはならない。『法華経』所説のここは重要なポイントの一つに数えあげられるところなのだが、聖徳太子は、『法華経』自身が訴えようとしていることを、経の真意に肉薄し、みごとな解釈をほどこされた。

それは国家が仏教を中心とした政治をおこなわなければならない、という意味を含むものと考えなければならないであろう。すでに「十七条憲法」の第二条に「篤く三宝を敬え。三宝とは仏法僧なり……」とうたわれていることからもそれは理解できるが、いわれるところの仏教は、まさしく『法華経』の言わんとしていたものだった。太子の仏教について、先に私は三点ほどの視点から考えてはどうかと提案したが、太子の理想とされたものは、政治の中心に仏教精神が宿らなければならないとするものであった。政治をリードするおしえとしての仏教の存在であり、政治に利用される仏教であってはならないという視点がここにある。このような聖徳太子の宗教観こそは、仏教の本流にふさわしいものといえよう。同時に太子が注目した経典のひとつが『法華経』であったことも、見落としてはならない点である。

ともかくも、飛鳥大仏が制作されて約百年ほどの間に、仏教は完全に日本化の道をあゆみはじめた。民族宗教といってもよい神道なども、またたく間にその足下に敷いてゆく。その端的な表明は本地垂迹思想であり、それを象徴するといわれる八幡神が八幡大菩薩と呼ばれるようになるのは奈良時代末期から平安時代にかけてであった。その頃から神に菩薩号が付されるようになる。神仏習合思想は日本仏教の重要なテーマのひとつだが、そのながれはすでに奈良時代にさかのぼることができるのである。

奈良仏教——南都七大寺の登場

聖徳太子の理想は、奈良時代には、その表層の面のみをかすめてとおりすぎ、太子がもっともおそれていた国家による仏教統制という道へと突っ走ってゆく。それは次の二点に見られる。ひとつはこの時までに建立されていた氏寺（私寺）が官寺化したこと。二つめは僧綱による仏教統制である。これらは仏教を、国家という権力によって支配しようとしたものにほかならない。氏寺の官寺化とは、私立大学がすべて国立大学になっていくようなものであり、また僧綱とは、僧侶を政治力で取り締まろうとするもの。国家の体制上の存在として仏教が、そして僧侶が利用されたのである。しかし、この奈良時代における国家仏教というかたちによって、仏教が日本に根づくおおきな礎になったことは否定できない。即ちこれら二つの大きなながれは、古代社会にとどまることなく、これ以降の日本仏教史を特色づけてゆく大きな素因になってゆく。

このように、本流としての太子の仏教は、太子以降は政治に利用された道をたどりゆくことになった。多くの寺院が建立されていったこともまた、表層的な、現実的なとらえかたとしてであった。しかし表面的には、日本が仏教国となりゆく姿を、私たちはそこに見ることができる。重要なことは、このながれは日本歴史の根幹をひたすら走りつづけてきたということ。日本の仏教は、仏教としての純粋性を逸脱し、あまりにも政治に傾きすぎたということだが、しかしこの点もまた一概に否定的にとらえてはならない。これは逆説的だが、このようなながれを踏んだからこそ、仏教は日本に定着しえたということなのだ。日本仏教における歴史の自己矛盾とでもいおうか。人間歴史の真実の様態は、つねにこのような矛盾のなかに呻吟していくものなのか。

さきに触れたように、日本の仏教は蘇我氏の個人的な信仰によって、その第一歩をあゆみはじめた。建立された寺は氏寺としての性格をもっていた。それらの寺が、やがて氏寺という性格を脱して、官寺という性格を帯びてゆく。飛鳥時代に創建された大官大寺はのちに大安寺と寺名を変えるが、これはもとは聖徳太子が建立した私寺（氏寺）であった。日本最初の寺として有名な飛鳥寺もまたのちには元興寺と改名するが、これは蘇我氏の私寺であったものが、のちに官寺となったもの。法隆寺も、もともとは聖徳太子の私寺だった。

のちに「南都七大寺」と称される寺々は、はじめは飛鳥時代に創建された大官大寺、川原寺、飛鳥寺の三カ寺の官大寺を指していたが、これに薬師寺がくわえられて四大寺と称されるようになる。奈良時代になると大安寺、薬師寺、元興寺、興福寺、東大寺の五大寺が成立する。これに法隆寺と西大寺が加わって南都七大寺という呼称がうまれ、それはそのまま今日においても使われている。

古代寺院の再建

「南都七大寺」という呼称は、右に述べたように時々に変わってゆく。すくなくともこれらの寺々は国家的事業の一環として造営されたものということだけは確実だから、それまで私的に造られてきた寺々が国の管理下におかれることになったことの反映であろう。

今、薬師寺の広大な境内に立つと、さぞや天平時代の隆盛はかくもあらんというばかりのまばゆいばかりの景観が、私たちの目にとびこんでくる。これは高田好胤師が、荒廃していた寺の再建をめざして、何億という金をつぎこんで達成されたもので、その努力に対しては頭のさがる思いだ。美しく再建されているお堂はひとつだけではない。塔も回廊も講堂も、すべて奈良時代へタイムスリップさせてゆく。古代の息吹が、千三百年の空間を飛び越えて、こちらに伝わり、おおいなる感嘆にふけらざるをえない。

高田師は何を思って、この大事業にとりくまれたのであろうかと考えてみる。

造寺・造仏そのこと自体に意義を見いだそうとしたのが古代仏教であった。そこには心の問題は入ってこない。これは不思議なことだ。ともかく大きな寺を造り、大きな仏像を造ること、そのことが国家繁栄につながるという素朴な信仰がそこにはあった。国家仏教というものの根はそこにあるのだ。私たちの今日的感覚では、寺というところはどこまでも信仰道場として認識されている部分がおおい。そこにお参りして祈念をこめておがむ場所として寺というものはあるという感覚だ。ところが奈良時代の官寺はどの寺院も規模は大きいが、それは人々がお参りするためのものではなかったことが忘れられてはならない。大きな寺に大きな仏像を安置すること、そのことに意義を認めようとしたのが古代仏教であった。国家仏教の意味とはそういうものなのだ。だから今という時、「天平時代の隆盛よふたたび」という感じで寺が再建されるということは、時代逆行もはなはだしいといわねばならないのではなかろうか。大金をつかって造営された寺そのものに意義を認めようというのは、まったく古代の感覚でしかない。

思うのだが、薬師寺など古代寺院を再建するなら、奈良時代そのものに還帰させようとするのではなく、人々がお参りするための道場としての意義を持たしめていただきたかった。もちろんこの寺の再建のための費用は、奈良時代のように国家が負担したものではない。写経という独特の方法がとられ、一般の人々がこれに参加して浄財をおさめたものだ。そこに深い意義のあることは認めなければならない。ところがそうした写経道場は、別棟に建てられていた。このこともひとつの問題ではないか。現代感覚でいくなら、写経する場所そのものを造ってこそ、信仰の意義もでてくるのではないか。金は写経という方法で別に集め、規模は奈良時代のものの復原を目指したということになる。これでいいのだろうかという思いにとらわれつつ、私は薬師寺の境内を散策した。

東大寺

こうして国家の繁栄や天皇家のいやさかを祈って奈良時代に次つぎと建立されていった寺々のなかで、最大のものは東大寺であり、その大仏（毘盧遮那仏《びるしやなぶつ》）である。これはまさに国家的事業として、莫大な金と多くの人民を駆使して達成された。国はこれ以後、諸国に官立寺院を建立していき、これらを「国分寺」と名づけて国家の安泰を祈ることになるのだが、このことを史料として記しているのは『続日本紀』天平十三年（七四一）三月二十四日条である。そこには大略次のようなことが書かれてある。

ここ数年というもの凶作が続いたので、諸国に丈六の釈迦如来尊像各一体を造らせたりした。今年はその験あって春から秋まで天候が順調で五穀は豊作であった。金光明最勝王経の所説によると、この経を講じ読誦して供養すれば、四天王が来て擁護するとある。よって天下の諸国は金光明最勝王経と妙法蓮華経各十部を写すべきである。

国家の安泰を祈願して建立された国分寺は、近畿地方を中心に、西は九州、東は陸奥にいたるまでの、まさに全国的規模で建立され、六十八カ寺を数えることができる。僧寺のほうは「金光明四天王護国之寺」、尼寺のほうは「法華滅罪之寺」と称された。僧寺には僧二十名がおかれて『金光明最勝王経』が、尼寺には尼僧十名がおかれて『法華経』が読誦された。東大寺はそれらの国分寺の中で、もっとも上に位置する中心寺院として、総国分寺と称された。

東大寺は、仏教信者としての聖武天皇と光明皇后の発願によって造営されたが、ことに仏教の篤信者であった光明皇后の存在は大きい。彼女は藤原不比等の三女として誕生したが、幼少のときから聡明であったといわれている。聖武天皇の夫人となってからは、皇子の夭逝なども原因したからだろう、仏教を篤く信仰するようになり、皇后のかかわった寺院はひじょうに多い。毎年奈良の国立博物館で開かれている正倉院展などにも、皇后や天皇にかかわる遺品が展示されることがあるが、ことに貧しい人々に手をさしのべ、孤児を収容する悲田院や、病人のための施薬院を作ったことは人口に膾炙している。

東大寺は国家的大事業として建立されたのだが、その大仏とともに、規模のケタはずれに大きなことから、多くの犠牲者を余儀なくだした。ところが東大寺造営に関連して、ひとつ注目すべきことが起きている。それは、それまで宗教活動が制約されていた行基《ぎょうき》菩薩が、東大寺建立に乞われたこと。このことは奈良仏教にとっても、日本の仏教にとっても、特筆大書されるべきこと。単に造寺・造像だけで終わるかと思われた奈良仏教に、行基菩薩がその手腕をかわれて東大寺に深くかかわったことの意味はきわめて大きい。

日本仏教の本流その二・行基菩薩

私は、行基菩薩は日本仏教の本流に位置すべき人だと考えている。彼はどのような人であったのか。

奈良時代に国家が編纂した歴史書『続日本紀』に多くのページをさいてその伝記を記された僧侶が三人いる。鑑真和上《がんじんわじょう》と道鏡《どうきょう》と行基菩薩である。道鏡については高僧というよりは皇位をねらった奸計僧侶という否定的な評価がくだされていることで有名。鑑真和上と行基菩薩の二人が、当時最高の地位を得ていたという評価を『続日本紀』はくだした。奈良時代にはこのほかに、道慈や道昭や良弁など特筆せねばならぬ高僧もおられたのだが、これらの高僧たちは一般の人たちにはひろく知られていない。鑑真和上と行基菩薩の二人は、今日にいたってなお鑽仰の声が高い。

平成十年（一九九八）は行基菩薩の一二五〇年遠忌の年だった。東大寺で法要がおこなわれた十一月六日、私は偶然に東大寺にお参りしたので、その法会にあうことができた。大仏さまのお姿の前に特設場が設けられて法要が営まれたが、こういうことは東大寺にとっては例外中の例外なことだったのではないだろうか。大仏殿は大仏さまだけがお住まいになられる場所だから、法要はかならず大仏殿の前（お堂の外）で修されるのが通例だ。わざわざ大仏殿の中に特設場をつくり、そこへ行基の座像をもちこんで法要は営まれた。このことは、平成時代においてさえ、いかに東大寺が行基を大切な人として扱っているかということを物語ってあまりある。行基菩薩と東大寺とは、今日においても深い関係にあることをこれは示している。

しかしじつは東大寺は、初めから行基を大切な人としていたわけではない。鎮護国家のための仏教を標榜していた奈良時代当時の国家、そしてその頂点を目ざそうとしていた東大寺にとって、行基は不必要であるばかりか、国家に逆らう僧でしかなかった。だからはじめのうち国家は彼に弾圧をくわえた。しかし行基は終始一貫して当時の国家仏教に同調することはなく、彼独自の仏教世界のなかに、民衆とともに生きた。

行基とはどのような人物だったのか。たんにお経を読み、論議する僧としてではなく、民衆のなかで苦悩する人々の苦しみを救済するために生きたのが行基である。幾多の抵抗勢力にあいながら、それらをおしのけて仏教本来の筋道をまっしぐらに進んだ。奈良時代にこのようなパイオニア精神を切り開いていくということは、至難のことであったろう。しかし彼は信念をまげることはなかった。彼を慕う人々はどこまでも彼を信じてついていった。民衆救済の道の正しさを立証したといえばいいだろうか。東大寺建立という国家事業が、その莫大な金額と卓越した技術を要するようになったとき、もはや国家は行基菩薩の力にたよるほかなくなるのである。

行基のおこなった仕事とは何だったのか。それは橋を架けたり、池を掘ったり、溝を作ったり、仏像を制作したり、焼きものをつくったりといった、今でいう社会事業兼土木事業である。そのうえに奇跡をおこなった人としての性格を、私たちは『日本霊異記《にほんりょういき》』におおく見ることができる。だから行基には、とてつもなき霊妙不可思議で、とらえ所のない人物というイメージが浮かんでくる。そのうえに立って、彼の周囲には常に技術集団や私度僧《しどそう》(国家の許可なく僧になる人)、労働者、民衆の姿がちらちら見えてくる。仏教の世界実現のためには、ただ単に精神世界のみを説いても力にはなり得ないことを行基は知っており、それを実践していった。

行基菩薩が活動をはじめた頃、国家は彼にたいして「小僧行基」と名ざしで弾劾をくわえていたが、その間にも社会事業兼土木事業のかたわら、多くの寺を創建している。それらはふつう「行基の四十九院」と称されているが、大仏建立までに既に四十四カ寺を建立している。そして国家が彼を必要としたときには、国家は彼に「大僧正」の位を与える(この大僧正という位は僧階の最上階のもので、日本歴史上この位階をもったのは彼が最初)。

行基菩薩の一二五〇年遠忌の年、生家のあった堺では特別展覧会が開催された。私は秋晴れのある日、堺市博物館を訪れた。行基菩薩一生の仕事がすべてわかるように展示されていたなかに「行基図」があった。それは行基の行動範囲が記されたもので、そこには行基が足を運んだことのない東北から九州にいたる日本全土の行脚の足跡が記されていた。行基が行ったことのない場所へまで、その神通力で足を運んだということの想定図だったのだ。それほどまでの行基信仰のあかしとみることができよう。

聖徳太子が『法華経』によって日本仏教の本流を築いた人というなら、行基菩薩は仏教を庶民の人々の手に渡そうとした人という意味で、第二の日本仏教の本流をつくった人といってよい。

鑑真和上《がんじんわじょう》

ところで奈良時代の高僧として、鑑真和上を除くことはできない。行基とはまったくタイプがちがうこの中国の高僧については、井上靖の小説『天平の甍』が感動的だ。中国からの六度目の渡海にして、日本にたどり着いた時、和上の目はめしいていた。芭蕉の有名な句「若葉して御めの雫ぬぐはゞや」が思いだされる。その老体をおして彼は日本に戒律を伝えるのである。日本仏教に新たなページがつくられた。

現代の視点から考えたときには、戒律というものはもっぱら出家者自身のものとしてあるわけで、二百五十戒だとか三百四十八戒といった戒律は、それはそれとして意義なしとしないが、そのような煩瑣な戒律に縛られていると、かえって仏教の本質から外れたものになってしまいかねない。鎌倉時代の新仏教者たちは、こぞって戒律に新たな解釈を施すようになり、実際には鑑真の説いた戒律そのものには否定的になってゆく。戒律に縛られる仏教には仏教の本流はないものと、鎌倉新仏教者たちには解されたのである。

とはいえ、奈良時代における鑑真和上の果たした役割は、その当時としては大いなる意義をもったと考えねばならない。これは仏教から出家的要素をなくしてしまえば、仏教の仏教としての価値は半減してしまうことを意味する。仏教はもともと釈迦の出家という果敢な行為によって出発したおしえなのだ。出家とはどういうことかといえば、家を捨て、親を捨て、妻を捨て、子を捨て、一切の財産を捨てること。釈迦はそのすべてを実行して仏教をひらいた。仏教は釈迦滅後におおいに発展してゆき、大乗仏教として多くの経典ができあがってゆく段階では、出家的要素がすこしずつ除外されてゆくのだが、しかしそれを完全に払拭し去ってはならないものと考えたほうがよいのではないか。今でも私たち僧侶が頭を剃っているのは、出家主義のよすがと見ることができるだろう。日常は在家となんら変わらない生活をしていても、仏教から出家的なものをすべて取り除くことはできないと考えたほうがよい。それは今日的な視点からは「宗教家」という、一般人とは区別する名称として、僧侶というものは存在しているからである。

奈良時代における、かたや奇跡をおこない大僧正として東大寺建立に欠かせぬ業績をあげた行基菩薩と、仏教の清僧として戒律のなかに生ききった鑑真和上の存在。この二つのながれが、じつは以後の日本仏教の底辺をながれつづけてゆくのである。現代においても僧侶というものは戒律を厳守すべきもの、ということが世間では常識的にとらえられている面が指摘されるだろう。実際には妻をめとり、子をもうけ、寺院という安定した場所で生活しているのが僧侶というものだから、もはや現代の僧侶を出家者とみることは百パーセントできはしない。しかし現代の僧侶は、かたやおしえを護り、寺を護持し、信仰を後世に伝えてゆくという使命をもっている。鑑真と行基というこの偉大な奈良時代の僧侶の存在は、かたちを変えて、今も生きていると考えてもよいわけである。歴史的には、この二つの相反すると思われる考えかたは、それから約五百年後、鎌倉時代の新仏教者たち（法然・親鸞・道元・日蓮などの高僧）によって、あらたな解決の道を示していくことになる。

日本仏教の本流その三・伝教大師

これまでにも述べてきたように、日本の仏教の大きな特色のひとつが、その政治性にあることは自明のところで、日本仏教の歴史を鳥瞰してみると、時々の仏教の峰は、時の権力者との相関関係によって浮沈していることがわかる。飛鳥に都があるときには飛鳥仏教が花ひらき、政権が奈良に遷ると華々しく奈良仏教が開花した。都が平安京（京都）に遷されると、それまで国家仏教として南都（奈良）を中心にして栄えていた奈良仏教は急速にその勢力の衰えを余儀なくされる。しかしそのことが原因して飛鳥仏教や奈良仏教が滅んでしまったわけではない。平成の今日においても、多くは観光寺院としてであれ奈良仏教は生きつづけている。日本のひとつの美しい風景というべき姿であろう。

飛鳥時代に建立された大寺の多くは、都が平城に遷されたとき、名を変えてそのまま奈良時代に踏襲されていったが、都が平安京に遷されたときには、それらの仏教は奈良にそのまま置き去りにされ、京都へは引っ越していきはしなかった。それが仏教にたいしてとった桓武《かんむ》天皇の宗教政策だった。「南都仏教」という名称は伝教大師・最澄が比叡山に天台宗をひらいたとき、奈良仏教を指してこのような名称を使ったのが最初であり、ここに仏教はあらたな光明を放ちゆくことになる。

南都仏教（＝国家仏教）との決別によって、平安時代にあらたに開かれた仏教、それが天台宗である。日本の仏教の本流が聖徳太子にはじまるとすれば、その後を継いだのが、この天台宗（日本天台宗）を開いた伝教大師（最澄・七六七〜八二二）といえよう。さきほど紹介した鑑真和上や行基菩薩は、仏教のかたちのうえでのながれとしては重要な意義と価値をもつのだが、おしえそのものとしてのながれは、伝教大師がはじめて日本にもたらした天台宗が、もっとも注目される。日本仏教の歴史の、これ以後の流れは、その影響なしには語ることができない。というより日本仏教の今日ある姿の淵源は、すべて伝教大師・最澄にある。聖徳太子も大事な人だが、伝教大師の存在こそは、日本仏教の土台をつくった人というべきだろう。ここに日本仏教の本流の第三のながれができたわけである。注意しなければならないことは、この第三の本流は、前二流とはまったく性格を異にしているということ。くわしくいうと、このながれこそは、以後の今日にいたるまでの日本仏教という大河の本流になりゆくのだ。しかもこの本流からはいくつもの支流ができていったことも無視できない。

天台宗は中国の天台大師・智顗《ちぎ》（五三八〜五九七）の厳しい修道修学によって開かれた仏教で、日本へはもともとは鑑真和上が将来している。その根本的な考えかたは『法華経』を中心にした仏教統一思想。仏教には多くの経典が存在するが、どの経典に釈尊の真意があり、何を目的として仏教経典は説かれたのかという、仏教にたいする根本的な視点がそこにはある。中国の天台大師は、あらゆる世俗的な名誉や地位をことごとくなげうって天台山にこもり、仏教の真実究明のために生涯をささげた。結果みいだされた経典が『法華経』であった。大師はこの『法華経』を中心にした一大仏教世界を構築してゆく。多くの著作のなかでも『法華文句』『法華玄義』『摩訶止観』は天台三大部と称され、以後の仏教者はかならずこれらの書物に目をとおさねばならないものとされる。天台大師のおしえを日本に伝法したのが伝教大師。

伝教大師はもともとは南都東大寺戒壇院で具足戒を受けたが、受戒と同時に奈良を去り、比叡山にこもった。山林修行を自らに課し、厳しい修行のなかで有名な「願文」を草した。次第に天台大師の法華経主義を信奉するようになり、桓武天皇の帰依もあって、延暦二十三年（八〇四）、還学生《げんがくしょう》（遣唐使に加わり、短期間学問や仏教を学ぶ）として中国にわたる。そして台州および天台山で中国天台第七祖の道邃《どうずい》・行満《ぎょうまん》から天台の付法を受ける。仏教の正統あるいは本流としての天台大師の流れは、ここに伝教大師を介して日本に根づくことになる。

ここで伝教大師の「願文」（二十歳の時の作）をご紹介しておきたい。私なども学生時代、幾度となく読みつづけたものだ。ここでは初めの部分の抄訳にとどめる。

伝教大師「願文」

はるか限りないこの世界は、もっぱら苦しみで、安らかなことはない……。あれを見、これを見るに、生けるものは必ず死ぬという道理は間違っていない。不老長寿の仙薬はいまだ飲まないから、去りゆく魂をとどめることはできない。生命を知る神通力を得ないから、いつ死ぬかということを確かめることができない。生きているときに善いことをしていなければ、死んでから地獄の薪となるであろう。人間として生まれることはむずかしいことであり、また生まれてもはかなく死んでしまう。善を行なおうという心は起こしがたいものであり、忘れやすいものである

（葉上澄照師の訳による）

日本の仏教は、その後ながく比叡山を中心にして栄えていく。鎌倉時代にはおおくの新仏教者たちが誕生し、鎌倉新仏教という現代の仏教教団の基盤となる宗祖たちが輩出していくのだが、かれらはすべて比叡山から出発した。比叡山カラーのないものは、日本の仏教にはなりえなかったといってもよい。今も比叡山にお参りすると、鎌倉時代の各宗祖たちの銅像が道々に建立されていて感動させられる。日本仏教の故郷という印象が比叡山にはあり、それは今日にいたってなおつづいている。

この比叡山仏教をひらいた伝教大師の根本的立場は、どこまでも『法華経』を中心にした天台学というものだったが、それはまた「円・密・禅・戒」という四教を総合したものだった。『法華経』はあらゆる経典を統一綜合する経典だから、これら四教を内包するだけの包容力をもっているわけである。第三の本流は、このような大きすぎるといってもよい大河だった。しかも最澄はそのなかでも特に密教にも強い関心を抱いたため、天台宗の法華的純粋性が後代うしなわれて

ゆくことにもつながる。最澄滅後、比叡山は「台密《たいみつ》」として栄えていくことになる（空海のひらいた密教は東密とよばれる）。比叡山の密教化にもっとも愁いの思いを抱いたのが日蓮聖人。比叡山は永く「法華のみ山」と称されながら、次第に密教化の道をたどったことを、日蓮聖人は反天台的だと批判する。

弘法大師

伝教大師とともに平安時代の仏教者として忘れられないのが弘法大師（空海・七七四〜八三五）である。日本仏教の流れは、平安時代に突如出現した最澄と空海という二大偉人によって形成された。最澄が第三の本流をうちたてたとするなら、空海はまったく別の流れのなかに位置する。

空海は真言宗の開祖として知られているが、インドに興った密教を日本のに国に大成した。口八丁手八丁の人といわれ、能筆家としても知られ、また文章にも人並みはずれた才能を発揮して、多くの著作が残されている。かの『三教指帰』『性霊集』『十住心論』などの著作に触れるものは、たちまちそのファンになるのではなかろうか。空海はそればかりではなく、人間離れしたところがあり、その祈祷は即身成仏を約束するというものであった。これらの超能力を駆使した空海の密教は、たちまち当時の天皇はじめ貴族社会に受け入れられ、平安時代の仏教的色彩はこの人なくして語りえないというほどに、一般社会にも強い影響をあたえてゆく。空海は仏教をおおきく顕教と密教とに分け、密教のほうが顕教よりすぐれていると説いた。最澄さえも、この空海には頭があがらなかったという逸話は有名で、比叡山がやがて密教化してゆくのも、こうした経緯をふんでいる。

仏教史的に考えるなら、この二人の平安時代の高僧の、後代に与えた影響は、はかりしれぬほど大きなものがある。この二人について考えてみると、伝教大師のおしえは後には多くの支流をつくってゆく。対して、密教を大成した弘法大師については、後の時代に彼を凌駕する人物は、でてくることはなかった。空海の仏教は民間仏教として、庶民の間で信仰されつづけてゆくという面をのぞかせていく。「遍路」や「御詠歌」などの流行は、その代表といえるが、『性霊集』などにあらわれている亡き人たちへの種々の供養は、仏教を先祖供養のためのおしえとして日本に根づかせたもので、これは弘法大師の大きな業績といえるだろう。ただ彼はその中心をどこまでも大日如来におき、密教中心の仏教にとどまったので、後世、日蓮聖人の刃がつよく落とされることになる。弘法大師の日本仏教に与えたその根の深さについては特筆されねばならないのだが、その仏教は彼一人によって大成されつくしたといったほうがよい。後代への庶民にたいする影響は絶大なものをもつのに、仏教史そのものへの投影は少ないのである。さらには仏教のなかにあって密教のもつ特異性が、思想的には十全には受け入れられなかったとみることもできよう。私自身は空海の仏教、即ち密教を越えた仏教者は存在すると考えている。その人物こそは、じつは日蓮聖人ではなかったのかと。

その観点から言うなら、日蓮聖人のご遺文中、佐渡流罪以前に『法華真言勝劣事』(『昭和定本日蓮聖人遺文』三〇二ページ・四十三歳）があり、そこでは『法華経』と密教について詳しく説かれ、比叡山の乱れは、その密教化にあると指摘された。

浄土教と末法思想

平安時代は、伝教大師最澄と弘法大師空海というふたりの偉大な僧侶によって大きなながれをつくるのだが、本流としての仏教は最澄が形成した『法華経』中心の仏教の存在に、本流中の本流をみることができるということは、すでに述べた。最澄の仏教を日本仏教第三の本流と呼称するゆえんである。比叡山仏教は、のちのちに至るまで日本仏教につよい影響を与えつづける。鎌倉仏教のすべてが比叡山から興ったというこの一点を見ても、そのように言われる根拠があろう。ただ比叡山仏教はその後の歴史においては、俗化の一途をたどり、最澄滅後いちだんと密教化していく。密教化してゆく過程のなかで、天皇家とのつながりを深くし、貴族化してゆく。しかもその一方では僧兵などという物騒な宗団をもうんでゆく。

貴族化と僧兵の出現というこの二つの流れは、仏教が純粋なおしえのままでは通じなくなったということを意味する。仏教が平地におりたったという意義もそこには考えられなくもないが、純粋に仏教者として生きようとする僧たちには比叡山での修行に疑問をいだかせ、やがて多くの修行者が山から下りてゆく。まじめに仏道を求め、真実の仏教者たらんとした人々は比叡山をおり、そのふもとの別所で修行するようになるのだ。そうした別所で修行するようになった僧たちは法華経信仰をたもちながら、一方では念仏信仰をもつ。それは末法思想とむすびついて勢いを増してゆく。末法思想をかついででていった浄土思想は、比叡山の第三の本流からでてゆき、支流をつくったわけである。この支流がのちには大きな力をもつようになり、本流をおびやかすことにもなりゆく。

末法思想とは、仏教の歴史観で、釈尊在世のときから五百年ほどは正しい法が継承されてゆく(正法)、それから千年ほど経過すると形だけは残るものの、正しい法は次第に廃れてゆく(像法)。そしてついには仏教のおしえは無に帰す(末法)というものである。この末法は、日本においては永承七年(一〇五二)という年にはいるという事実は、当時の人々にかなり深刻な危機意識をもたらした。平安時代中期以降の社会不安がいよいよつのり、社会の険悪化がすすみ、群盗・放火・闘争・騒擾などの事件が相次いで起こると、末法という言葉は、終末意識として、まさに実感として当時の人々をとらえたのであった(数江教一『日本の末法思想』)。末法到来以前にこの世に生を受けた空也(九〇三〜九七二)は阿弥陀聖とよばれたが、その建てた六波羅蜜寺では、毎日昼は『法華経』が講じられ、夜は念仏三昧が修されていた。のちには融通念仏宗の開祖良忍(一〇七二〜一一三二)は毎日『法華経』一部と念仏六万遍をとなえ、さらに如法経(『法華経』をきまりにしたがって書写すること)六部を書写して自他に廻向したりするというふうに、『法華経』と念仏は併修された。

一般に末法思想は浄土教との関連で説かれることがおおく、実際に法然上人や親鸞聖人の著作にもそれがひんぱんに表出している。たとえば法然上人の『選択本願念仏集』には「末法万年ののち、余行はことごとく滅し、特に念仏を留めおく」（第六章）とあり、親鸞聖人の『正像末和讃』には「釈迦如来かくれましまして　二千余年になりたまふ　正像の二時はをはりにき　如来の遺弟悲泣せよ」と悲嘆にくれた絶叫の声をあげている。

　じつは末法思想にふかい関心を抱いたのは早くも最澄や空海にもみられるのである。たとえば最澄の『守護国界章』には「正像稍過已つて、末法太だ近きに有り」とあるし、空海もまた『秘蔵宝鑰』に「正法千年の内には持戒得度の者多く、像法千載の外には護禁修徳の者少し。当今、時は是れ濁悪、人は根劣鈍なり」と記している。しかしさらに大きな影響をあたえたのが源信（恵心僧都・九四二〜一〇一七）である。その著『往生要集』の第一章は「厭離穢土《おんりえど》」篇からはじまっている。末法という時を迎えれば、もはや汚泥に満ちたこの世を捨てて、ただただ極楽浄土を目指そうという意図がそこにはある。浄土教の根本思想には、どこまでもこの厭離穢土の思想がふつふつとながれているのである。

　ところで、彼らが依処した『大無量寿経』『観無量寿経』『阿弥陀経』の浄土三部経には、直接に末法については説かれていない。このことはあまり知られていないが正真正銘の事実。これら浄土経典で説かれているのは西方極楽浄土の模様や、そこにいます阿弥陀如来についての事跡またはその修行についてだけである。末法についてはひとことも触れられていない。末法と浄土経を連結させて説いたのは、浄土教の大成者としてしられる中国の道綽《どうしゃく》（五六二〜六四五）であり善導《ぜんどう》（六一三〜六八一）である。これらの人々は末法という法滅の時代にはいれば、難解な仏道修行はふさわしくないと説き、仏教を大きく浄土門と聖道門に分け、聖道門を捨てて浄土門にはいれと説いた。そのおしえのままを、たとえば法然上人ならば「偏依善導」ということばに代表されるように、ひたすら中国浄土教の大成者の言説をそのままを踏襲したのであった。

『愚管抄』の思想

仏教における歴史認識としての「三時」（正法・像法・末法）のうち、正法や像法が五百年とか千年といった限定された「時」を指すのにたいして、末法は、「末法万年」という言葉が示唆的にあらわしているように、救われようのない真っ暗闇の世界の到来を、人々は眼前にみたのである。その端的な嘆息を、私たちは比叡山延暦寺の座主を四度つとめた慈円（一一五五〜一二二五）が著した史論『愚管抄』に、次のように記したところにみることができる。

保元以後のことはみな乱世にて侍れば、わろき事にてのみあらんずるをはばかりて、人も申しおかぬにやと愚かにおぼえて、ひとすじに世の移り変わり、衰えくだることわり、ひとすじを申さばやと思ひつづくれば、まことにいわれてのみ覚ゆるを、かくは人のおもわで、道理にそむく心のみありて、いとど世も乱れおだしからぬことにて侍れば、これを思ひつづくる心をも休めんと思ひてかきつけ侍るなり（原文はカタカナであるのを仮名に改めた）。

（慈円『愚管抄』岩波書店、日本古典文学体系八六、一二九ページ）

『愚管抄』にはこのほか「末代ザマ」「世ノ末ニナリテ」「末代ノ道理ニ叶ヒテ」「末代アシカランズレバ」「世の末ザマ」「末代ニ人ノ心ハヲダシカラズ」等々の語句をみることができる。まさに「ただ堕ち下る」という下降意識をそこにみるのであるが、これはもちろん慈円ひとりの嘆き節ではない。この深い末法にたいする認識こそは、平安時代末期から鎌倉時代に生きた貴族や仏教者の等しく感じとった悲愴な思いにほかならなかった。真剣に生きようとした仏教者たちは、末法万年の仏教を選択していく必然性にせまられた。しかもそこにはさらに百王思想がからんでいる。それは中国の南北朝時代の僧・宝誌の手によるとされる「野馬台詩」が、天皇家の未来を予言したもので、世は百代で終焉をとげるという思想。これは『愚管抄』においても「神武天皇ノ御陵、百王トキコユル、スデニノコリスクナク、八十四代ニモ成ニケルナカニ」等とある。これは、『愚管抄』が書かれたときの順徳天皇は八十四代天皇と当時は信じられていたことを反映したもの。この百王思想は中世に生きる人々の間に流布し、深刻な影響を与えた。

末法思想は、念仏ときわめて深い関係をもつようになる。日本における念仏は『往生要集』の影響がおおきいが、それが末法思想とむすびついて、あの世で念仏しているという阿弥陀如来への信仰が弘まってゆく。末法とは仏教のおしえがなくなるときであり、百王思想は百王で世が終末をむかえるということを意味する。本当にこの世は無に帰してしまうとするなら、無に帰した後、極楽へ往き、そこで阿弥陀様と会うことができれば、それほど幸せなことはないではないか。いま残されている浄土教関係の絵画や仏像、その他多くの美術品を見るとき、当時の人々が極楽浄土に寄せた期待がどれほどおおきかったかが、手にとるように肉薄してくる。

恵心僧都と『往生要集』

浄土思想は、日本においては推古時代に早くも現われてはいたのだが、思想としてまた信仰として、深く日本人の精神世界に影響をおよぼしていくのは『往生要集』以来のことである。『往生要集』は永観二年（九八四）の成立だが、この著の作者、源信（恵心僧都）については、その母の篤信とあわせ広く世に知られている。かつて私は興隆学林で仏教を学んだ時、天台学を講じられた森観涛師（天台宗僧侶・当時真如堂別当）から、次のようなことをお聞きしたことがある。比叡山の座主をつとめた人は多くあり、それらの人たちの位牌は堂内におまつりしてあるのだが、年月とともに古びていくと補修などは施されていくことはない。ところが僧階のそれほど高くはない僧都《そうず》止まりの源信の位牌だけは定期的に補修もされ、新しく新調されてもいく。そんな話であった。森師はこの時、源信の母についても話され、僧侶たるもの、ただ高い僧位や地位のみに専心してはいけないと諭された。この時の森師の薫陶は今も私の胸を去来して離れはしない。

源信とその著『往生要集』の後世に与えた影響はおおきく、源信が眼目とした極楽の存在は、浄土教の広がりに欠かすことのできないものとなった。一方、この著のなかに詳述された地獄の様相もまた比類ない影響力を日本人に与えつづけた。末法という時代的な閉塞のときを迎えた当時の人々は、「夫、往生極楽の教行は濁世末代の目足なり」とある『往生要集』の思想にこころを傾けてゆくのである。このながれは比叡山の本流からでていった一本の支流なのだが、やがておおきなながれとして日本中にながれてゆくことになる。そしてこのあたりから、本流と支流の区別が曖昧になってゆくようになる。

ただ、法然上人がでられるまでの念仏は、けっして念仏の一行だけではなかったことを知るべきであろう。『往生要集』と前後して作られていった書物に慶滋保胤《よししげのやすたね》(〜一〇〇二)の『日本往生極楽記』があるが、このような往生伝は、以下『大日本法華験記』『続本朝往生伝』『拾遺往生伝』『後拾遺往生伝』『三外往生記』『本朝新修往生伝』などとつづく。これら往生伝によって、当時の僧侶たちの信仰形態がどのようであったかを、如実に知ることができる。そこでは『法華経』と念仏の併修にとどまらず、多様な信仰形態をもっていたことが知られる。類型的にみておくと次のようである。

①念仏(観相的と称名的)
②現報思想(現世に業因《ごういん》を作って現世にその報いを受ける)
③法華経読誦と写経
④法華経持経者
⑤輪廻転生譚
⑥法華信仰

⑦念仏と真言
⑧禅定
⑨念仏と観音信仰
⑩坐禅
⑪観音信仰

これら十一点にもおよぶ信仰形態が、ひとつの信仰形態に限定されることなく諸行が平行して修せられていたということ。とくに念仏と法華とが併修されることがおおく、それは「朝題目に夕念仏」ということばに代表されるように、朝には『法華経』を読誦して元気をだし、夕方には念仏を称えて静かに眠りにつこうという信仰が主流を占めていたわけである。それは人の一生にも通じてゆくもので、生の間は『法華経』を、死が近づいてくると念仏を称えて極楽往生しようという信仰形態。そこでは法華と念仏が違和感なく信仰されていた。それらの詳しい内容については、右に示した往生伝のなかにつぶさに示されている。

極楽はあるか

ところで突然だが、ここで「あなたは極楽の存在を信じられますか」と問いかけてみたい。さきに「浄土三部経には、末法については説かれていない」と述べたのだが、実際のところ、極楽という世界は人間が考えだしたひとつのユートピアと認識すべきではないかということ。極楽という世界が存在することはないと考えたほうがよい。その極楽世界をかなり具体的に説いているのは『阿弥陀経』だが、ここにその様相をみておこう。

これより西方十万億の仏土を過ぎたところに世界がある。名づけて極楽という。そこには阿弥陀様がおられる。極楽には七重の欄干、七重の羅網《らもう》（宝珠をつづって網として装飾したもの）、七重の並木があり、みんな四宝をもってめぐっている。また極楽には七宝の池があり、八功徳の水（飲んでも飲んでも涸れない水）が充満している。池の底には金の砂が敷かれ、水路への階段には金・銀・瑠璃《るり》・玻璃《はり》が飾られている。階段の上には楼閣があり、それもまた金・銀・瑠璃・玻璃・蝦蛄《しゃこ》・瑪瑙《めのう》などで飾られている。池の中の蓮華の大きさは車輪のように大きい。それらのうちで青い蓮華は青い光を放ち、黄色の蓮華は黄色の光を放ち、赤色・白色の蓮華もそれぞれの色を放っている。天には音楽がながれ、昼夜六時には曼荼羅《まんだらけ》華をふらす。また極楽には種々のみごとな鳥たちが舞っている。白鳥・孔雀・オウム・カリョウビンガたちである。これらの鳥たちは昼に三度、夜に三度、集まって合唱し、さまざまな調べをさえずっている

（「岩波文庫」版より意訳）

以上は漢訳のままを訓読で紹介したのだが、『阿弥陀経』には梵語で書かれたものも残っている。その一部をここに紹介しておく。

極楽の世界には一切の苦がなく楽のみであるから、極楽と言われる。その極楽の教主が阿弥陀仏だ。その仏の光明は無量であり、十方の国を照らすのに障碍となるものがないから、

「限りなき光明（無量光）」と言われ、またこの仏の国土にいる人民の寿命が無量であるから、「限りなきいのち（無量寿）」とも言われる。極楽には無量無数の菩薩たちがおられる。生ある者たち（衆生）は、その極楽国土に生まれたいと願いをおこすべきである。なぜなら、その国に生まれるならば、そのような善き人々とともに一所に会うことができるからである。その国へは、わずかばかりの善行によってでは、往生することはできない。阿弥陀仏の名号をしっかりと取り保って、あるいは一日、あるいはないし七日、一心不乱であれば、やがて人は臨終において心が顛倒せず、阿弥陀仏の極楽国土に往生することを得るであろう。だから人はかの仏国土に生まれたいとの願いを起こすべきである。

『阿弥陀経』の説相はまだつづくが、要するに極楽は人が描く理想世界そのものが表象された世界といってよい。これ以上の美しく、うっとりさせられる世界はないと説かれる。浄土教を信じている人は、お経に「生ある者たち（衆生）は、その極楽国土に生まれたいと願いをおこすべきである」とあり、さらに「阿弥陀仏の名号をしっかりと取り保って、あるいは一日、あるいはないし七日、一心不乱であれば、やがて人は臨終において心が顛倒せず、阿弥陀仏の極楽国土に往生することを得るであろう」とあるのだから、当時の人々は南無阿弥陀仏の名号を一心不乱に称えて、そのような世界へ往生したいと信じた。しかし架空の世界はどこまでいっても架空の世界でしかない。理想世界は理想としてかなたのものとしてみるから美しく観じられるのであって、ほんとうにそのような世界に降りたってみると、むしろ違和感が漂うのではなかろうか。たとえば『阿弥陀経』で説かれる極楽世界には男性ばかりが住んでいて女性はひとりもいないと説かれている。男性ばかりいて女性がいないとなれば、この世で亡くなった女性たちは死後どうなるのか。極楽を信じていざその地に来てみると、女性はお払い箱といわれるのだ。これでは帰っていくところがどこにもなくなるではないか。極楽という世界はどうやらこの世離れした、嘘っぽい世界であると断定してもよいだろう。そのようなところへ往って、はたしてどうなるのか、心配はないのだろうか。

地獄は存在するか

では極楽の反対側にある「地獄」という世界は存在するのであろうか。地獄は八つに分類されるが、源信の『往生要集』と日蓮聖人の『顕謗法鈔』に従ってその様相をみてみよう。

①等活《とうかつ》地獄は、この世の地の下一千由旬（一由旬は約七キロメートル）のところにある。犬と猴とが喧嘩をするように、各々が鉄の爪で互につかみさく。血肉尽きてしまい、ただ骨のみがのこる。極卒（オニ）は手に鉄杖を取って頭より足にいたるまで打ちくだいていく。このため身体はくだけて沙のようになる。また利刀で分々に肉をさくが、ふたたびよみがえる。この地獄には、ものの命をたつものが堕ちる。螻や蚊や虻など小虫を殺す者も懺悔しなければ、地獄に堕ちる。また懺悔しても、懺悔の後に重ねてこの罪を作れば後の懺悔に、この罪は消えることがない。ぬすみをして牢獄に入った人が、しばらくして牢獄を出ても、重ねて盗みなどをして牢獄に入る

と、なかなか出られないのと同じ。この地獄をまぬがれる人は一人もないといってもよい。どれほど持戒のしっかりした僧でも、虱などを殺さず、蟻や蚊を殺さない人などいないのだから。

②黒縄《こくじょう》地獄は、等活地獄の下にある。獄卒は罪人をとらえて熱鉄の地に伏《ふせ》て、熱鉄の縄をもって身をうち、熱鉄の斧できりさいたり、鋸《のこぎり》でひく。また左右に大きな鉄の山があり、その山の上に鉄の幢《はたほこ》を立て、鉄の縄をはり、罪人に鉄の山を負わせて、縄の上よりわたす。罪人は縄より落ちてくだけ、あるいは鉄の鼎《かなえ》で煮《に》られる。殺生したものが、さらに盗みをかさねたものが、この地獄に堕ちる。

③衆合《しゅうごう》地獄は、黒縄地獄の下にある。多くの鉄の山が二つずつ相向かっている。牛頭とか馬頭等の獄卒が手に棒をもって罪人を追い、山の間に入らせる。この時、この二つの山が迫ってきて罪人を合せ押すので、罪人の身体はくだけて血が流れ、それが地にみつ。殺生・盗みの罪のうえ、邪婬（他人の妻を犯す）の者がこの地獄のなかに墮ちる。当世の僧尼士女の多くがこの罪を犯している。殊に僧にこの罪が多い。士女は各々が互いに守りあい、また人目を気にかけるので、この罪を犯さない。僧は一人で住んでいるので、婬欲のはけ口を求めるが、独り者の娘には手をださない。父親にただされるからだ。他人の妻ならば、あるいは隠しとおすことができるからとて、その時をうかがっている。当世の貴げな僧の中に、ことにこの罪が多いようである。

④叫喚《きょうかん》地獄は、第三の衆合地獄の下にある。獄卒が悪声をだして、弓箭でもって罪人を射る。また鉄の棒をもって頭を打ち、熱くなった鉄の地面を走らせる。あるいは熱くなった鉄棚の上で

何度もこの罪人をあぶる。あるいは口を開けて沸きたぎる銅の湯をいれるので、五臓は焼けてしまいそう。この地獄には、殺生・偸盗・邪婬のうえに、飲酒のものが堕ちる。当世の比丘・比丘尼・優婆塞《うばそく》・優婆夷《うばい》といった人たちのなかで大酒を呑む者はこの地獄の苦をまぬがれることができない。酒を売る人、酒に水を入れて売る人はもちろんのことである。

⑤大叫喚《だいきようかん》地獄は、叫喚地獄のさらに下にある。これまでの四つの地獄のもろもろの苦を十倍した苦を受ける。殺生・偸盗・邪婬・飲酒の重罪の上に妄語といってそらごとをする者が、この地獄に堕ちる。当世の人はたとえ賢人や上人といわれているような人でも、妄語しない時はあっても、妄語をしない日はないだろう。たとえそういう日はあっても、そういう月はあるものではなかろう。たとえそういう月はあったとしても、そういう年はあるものではなかろう。たとえそういう年はあっても、一生の間、妄語しないものはないだろう。そうであるから、当世の人は一人としてこの地獄をまぬがれることはできない。

⑥焦熱《しようねつ》地獄は、大叫喚地獄の下にある。この地獄には種々の苦がある。たとえばこの地獄に豆ばかりの小さな火が置かれただけで、この世界全体が一時にやけ尽きてしまう。罪人の身は綿のように柔らかくなる。この地獄の人は前の五つの地獄の火を見ること雪のようである。つまり人間の薪の火は、鉄や銅の火の熱そのもの。この地獄には、殺生・偸盗・邪婬・飲酒・妄語の上に、邪見というて、この世には因果というものはないというまちがった考えをしている者が、堕ちる。邪見とは、要するに因果をしらぬ者のことをいう。

⑦大焦熱地獄《だいしょうねつじごく》は、焦熱地獄の下にある。前の六つの地獄の一切の苦しみの十倍の苦を受ける地獄。ここに堕ちるものは、殺生・偸盗・邪婬・飲酒・妄語・邪見の上に、戒律を守っている比丘尼（尼僧）を犯す者。又比丘（僧侶）が、酒をもって不邪婬戒を守っている婦女をたぶらかしたり、あるいは財物を与えて婦女を犯すものが、この地獄に堕ちる。

⑧大阿鼻《だいあび》地獄はまた無間《むけん》地獄ともいう。この地獄は大焦熱地獄の下にある。この地獄のそとには七重の鉄の城がはりめぐらされている。前の七大地獄の苦を一分とするならば、ここ大阿鼻地獄の苦はその一千倍もの苦である。この地獄の香を嗅《か》げば、すべての人や天人までもが皆死んでしまうほど。ところが出山・沒山という山がこの地獄の臭気を抑えて、この世界の者は死なないと見せてしまう。もし仏がこの地獄の苦を具体的に説かれようものなら、人はきっとこれを聴いて血をはいて死んでしまうだろうから、くわしくは仏は説かれない。この地獄に堕ちた者は、長い間、無間地獄に住んで大苦を受けなければならない。この地獄へは、五逆罪を造る人が堕ちる。五逆罪とは一に殺父、二に殺母、三に殺阿羅漢、四に出仏身血（仏の身から血をださせる）、五に破和合僧（僧の集団を破る）の五である。このうち今の世には仏さまはおられないから出仏身血はない。和合僧もないから破和合僧もない。阿羅漢はいないから殺阿羅漢もない。ただ殺父殺母の罪のみある。しかし法律のいましめは厳しいので、この罪もまた犯しがたいだろう。ということで、当世には大阿鼻地獄に堕ちる人はきわめて少ない。ただしよく似た五逆罪はある。木画の仏像や堂塔等をやいたり、仏像等の寄進の所をうばいとったり、卒塔婆等をきりやいたり、

智人を殺したりする者は多い。これらは大阿鼻地獄の十六の別処に堕ちる。また謗法の者がこの地獄に堕ちる。

法華と念仏

地獄の世界の実存を信じるか否かは、その人の心のなかにあるところというべきではないかと思う。ある識者がこんなことを言われたことを憶いだす。「地獄を信じている人は地獄へ堕ちず、地獄を信じない人が地獄へ堕ちる」と。けだし名言である。

ただひとこと付言するなら、地獄という思想（境涯）は、すべての仏典に記されているのだが、極楽については浄土教という一部の経典にしか記されていないということ。一般には地獄と極楽は対比して考えられていて、人の死後、善業をおこなったものは極楽へ往生し、悪業をはたらいたものは地獄へ堕ちるといった解釈がおこなわれている。奈良仏教や真言宗の僧たち、また法華信仰を実践している人たちのなかにも「極楽」という語をつかわれる人がいらっしゃるのである。これはまちがった受け取りかたといわなければなるまい。極楽という世界は仏教一般の思想としてでてくることはなく、ただ浄土系経典にのみ描かれている世界ということは、極楽世界がひとつの偏波な世界観にのっとった場所であるということを示してあまりある。裏をかえせばそれだけ念仏思想が日本と日本人を席巻していったということかもしれない。

日本の歴史のうえでは、念仏と法華とが画然と別のものという意識はなかった。『往生要集』

は念仏のおしえを吹聴しようとして著されたという印象があるのだが、この著は念仏について書かれただけではなく、地獄と極楽の様相が克明に記されている。源信には念仏と法華を裁断しようという意識はなかったことが知られる。彼は天台宗の僧侶としてさいごまで生ききったから、その著作のなかには『一乗要決』といった天台学の伝統を継承する意識下に書かれたものもある。つまり源信の精神のなかでは法華と念仏は同居していたとみてよい。このながれは、すくなくとも源信以来の平安仏教界の中枢をながれていた。念仏と法華とは手をとりあって信仰されていたといったほうがよい。

そのような信仰群像のなかから、一人の僧が果敢に念仏と法華とを峻別するという作業をおこなった。法然上人がその人である。彼は先に述べた法滅の思想である末法思想を目前にしたとき、では法が滅尽したのちにはどうなるのかと問うた。法が滅尽するということは仏教のおしえが消滅してしまうということを意味する。法然上人がそこで注目したのは中国浄土教を大成したとされる善導の『観経疏』という書物。それは仏教を果断にも聖道門と浄土門という二門に分け、聖道門を捨て、浄土門を優先させた。法然上人はこの書にもとづいて聖道門を捨て去った。聖道門に属する法華はここで捨てられてしまった。法然上人は浄土門である念仏こそが末法相応のおしえという結論を導いていく。

法滅尽のときには聖道門（＝法華経）では生ききることができないと法然上人は考えた。末法というときはそういうときなのだと。つまりこれを図式化してみると、聖道門はこの世のおしえであるのにたいして浄土門はあの世のおしえということになる。法滅ということは、仏教のおしえがなくなり、この世が真っ暗闇に滅してしまうというもの。法華を捨てるということは、それまでの日本人がおこなってきた念仏との兼修は、もはや禁じなければならない。ここに専修念仏《せんじゅねんぶつ》を称えた法然上人の存在があり、歴史上にその名を刻銘することになる。彼は善導のおしえそのままに、仏教をおおきくこの世の仏教（聖道門）とあの世の仏教（浄土門）という二つにわけた。法華を捨て、念仏のみの専修を説くということは、法華経の山比叡山に学びながら、その天台法華の仏教に反旗をひるがえしたわけである。

　念仏思想はそれ以後の日本におおきな影響をおよぼしてゆくのだが、そのことについては後に述べるとして、その前に、もうすこし大局的な目で鎌倉仏教全体をみわたしておく必要がある。つまり鎌倉仏教は、二つの事象から生まれでてきたと考えられるということ。ひとつは末法思想だが、二つめは別所という場面に登場する聖たちの存在である。一つめの末法思想については簡略ながら述べたので、次に別所について考えておきたい。

別所の存在

　先に平安時代末期に『日本往生極楽記』以下七往生伝がつくられたことを述べたが、同時にそこで修されていたさまざまな修行形態にも触れた。おおまかにこれを再現してみると、念仏・法華・真言・坐禅、それに観音信仰などが混然となって信仰されていたことがわかる。「これらは一つの信仰形態に限定されることはなく、とくに念仏と法華とが併修されることがおおかった」と述べたが、それらが修されていた場所、それが別所である。

別所とは何か。そしてそのような別所はどうしてできていったのか。このことを知ることは、けっして歴史的事実としての事象に迫るというだけではなく、今日の仏教あるいは仏教界を考えるうえにおいても、かなり重要な意味をもつ。

別所は比叡山が有名で黒谷、大原、善峰、樺尾等に別所ができた。別所は比叡山ばかりではなく、奈良の東大寺（知足院・渡辺等）や高野山（東・中・新等）にも存在したほか、法隆寺（西別所金光院別所等）、天王寺（天王寺別所等）、園城寺（近松別所等）、興福寺（小田原別所等）、神護寺（神護寺別所等）等にもみられる（『国史大辞典』）。このような別所はどうしてできていったのか、これをたとえば比叡山についてみておく。

伝教大師最澄が開いた比叡山は、最澄滅後、円仁や円珍などによってひとすじに密教化の道をたどったことは先にみた。仏教は当時はまだ庶民のなかへまでは浸透しておらず、もっぱら貴族たちによって支えられていたが、そうした貴族たちが仏教に求めたものは加持祈祷であった。『小右記』『中右記』『台記』など、当時の貴族たちの日記によって、それらのことが判明する。僧侶は貴族社会のなかへ深くはいっていくことによって、僧侶集団そのものもまた貴族化してゆくのだ。それは時のながれというもの。たとえば比叡山の座主をめぐる問題ひとつ取り上げても、現実のこととしてあらわれている。座主という比叡山最高の位が修行僧のなかからではなく、貴族のなかから選ばれるようになるのである。その例としては尋禅《じんぜん》があげられる。この人の父は右大臣藤原師輔だが、師輔は当時の天台座主良源《りょうげん》（叡山中興の祖）と親しく、ついにわが子をその門弟に送り込む。尋禅はやがて天台座主に就く。このように仏教が貴族層のなかに浸透し、そのなかから座主にまで登るものがあらわれてきたことは、教団そのものが貴族化してゆくことを意味する。それは比叡山が純粋な修行者たちの集まりではなく、ひとつの巨大な宗教的権威をほこるようになることをも意味する。そうなると、高位に登る人はおのずと限定される。頭脳のよく、修行のよくできたものも、下位に甘んじねばならなくなるのは当然のなりゆきであった。鎌倉時代、比叡山で堂僧として不断念仏にあけくれしていた親鸞聖人もこのことで悩んだことなど顕著な一例であろう。将来を悲観する勝れた僧侶たちはついに本寺（比叡山や高野山また東大寺等）を降り、山の周囲に別所をつくっていった。比叡山には七別所ができるが、別所は次第に地方にもおよんでいくことになる。

これは当時の仏教界の中枢である本寺中心の土台がくずれていったことを示している。それらの別所に住んで修行にあけくれた人たちは聖《ひじり》と呼ばれていたが、それは彼らがたんに加持祈祷だけをこととせず、時代の波となって押し寄せてきた末法思想を受けいれて浄土念仏による来世欣《ごん》求《ぐ》の実践を通して、人々を教化していったことを意味している。仏教はいよいよ庶民化への道に腰をおろしてゆくことになるのである。つまり次代をになうことになる鎌倉新仏教者たちの群像が、これら別所のなかから輩出していったのには、歴史的因果関係が読み取れるのである。その代表格が先にもいった法然上人であった。彼は比叡山黒谷別所で修行しながら次第に専修念仏の信仰に目覚めてゆく。しかしそれは仏教の本流とは著しく異なった場所へ日本人を導いていくことだった。

鎌倉仏教と神祇

このように歴史的・外圧的な「末法思想」と、思想的・内部的な事情である「別所」という両面からくる、いわば大きな時代的うねりのなかから鎌倉時代の仏教者群像は生まれでてきた。風船はふくらみつづけると、いつかかならず破裂する。それが鎌倉時代であった。鎌倉時代に登場する仏教の特徴は、すでに言われているように平易性、選択性、庶民性といったようなところにある。それはこの時代まで力をもっていた貴族階級に代わって、新たに登場してきた武家が政治をとるという、これまでには考えることのできない事態を迎えたことが、象徴的にあらわしている。鎌倉仏教の各宗祖たちはこぞって、これら新しく台頭してきた階級の人々を、おしえの対象とした。

新仏教者たちはもちろんのことだが、いわゆる旧仏教側に属している高僧たちもまた、高いところにとどまることなく、平易なおしえを垂れるよう努力を惜しまなかった。たとえば明恵《みようえ》上人（一一七三〜一二三二）は「三時三法礼」をつくって、人々が日夜仏道修行にはげみやすい方法を、きわめて具体的に示した。解脱《げだつ》上人・貞慶《じようけい》（一一五五〜一二一三）は、「釈迦念仏」を広く一般市井の人々に説いて、折から大変な勢いで日本中に浸透していた、法然上人を中心とした阿弥陀仏信仰に対峙した。

鎌倉仏教が、信ずる信じないは別にして、末法というものを無視して通り過ぎることのできない時代的状況下におかれていたことはいうまでもない。そのようなとき、日本古来の神祇とどのようなかかわりかたをし、どのように対処したかを知ることによって、それぞれの仏教者の立場が鮮明に浮き出てくる。

明恵上人は日本仏教史上もっとも純粋な仏教者として知られているが、建仁二年（一二〇二）三十歳の時、釈迦を恋慕するあまり、ついにインドの仏蹟巡礼を企てるにいたる。そのくわしい旅程が今に残されていて、その志がいかに大きかったかを、うかがい知ることができる。ところが翌年の正月に、春日明神の託宣を受けると、外国へは行くことなかれ、という結果であった。明恵はこれを素直に受け入れてしまう。そしてあっさりとインド行きをやめてしまう。託宣とは「神が人にのりうつり、または夢などにあらわれて、その意思を告げ知らせること。神に祈って受けたおつげ」（『広辞苑』）ということだ。真摯な仏教者明恵が、春日明神のお告げをすんなりと受け入れたのは、そこに日本の神にたいする深い信仰が根ざしていたからにほかならない。明恵はその二年後の元久二年（一二〇五・三十三歳）にもおなじような理由でインド行きを中止した。明恵の釈尊にたいする信仰が他に比類なく深いものがあり、他の一切の俗世間との関係を絶って修行一筋に生ききった上人だけに、またインドへの旅程はかなり早い時期から考えていたと思われるにつけ、春日明神の託宣だけで、すんなりとインド行きをあきらめたことは、そこに彼の日本の神にたいする絶対的な信仰をみないわけにはいかない。

明恵上人にかぎらず、いわゆる旧仏教と称される側に立つ仏教者たちは、こぞって日本の神様への崇敬をつよく持っていた。貞慶上人が法然上人への批判をした『興福寺奏上』には「神祇不拝」の一項目をいれている。それに対して法然上人は『選択本願念仏集』の中で、神祇崇拝を画然と廃している。貞慶上人をはじめ南都仏教者たちが、ただちに法然の邪義をつき「末世の沙門、なほ君臣を敬す、況んや霊神においてをや。かくのごとくのそ言、尤も停廃せらるべし」（岩波書店・日本思想体系一五・『鎌倉旧仏教』）と強く迫った。その『興福寺奏上』には、神祇不拝にたいする批判だけではなく、新宗を立つる失、新像を図する失、釈尊を軽んずる失、万善を妨ぐる失、霊神に背く失、浄土に暗き失、念仏を誤る失、釈衆を損ずる失、国土を乱す失など九条からなっている。これらによって法然教団への弾圧が始まってゆくことになるのだが、法然にたいする反論は、明恵上人も「摧邪輪《さいじゃりん》」において厳しく批判した。

日本の仏教は古代から現代にいたるまで、神祇とのかかわりを強くもってきた。栄西（一一四一～一二一五）や無住（一二二六～一三一二）等が神祇について語っていることは周知のところだし、重源《ちょうげん》（一一二一～一二〇六）は東大寺再興を祈願して伊勢神宮に参詣している。また叡尊（一二〇一～一二九〇）は文永十年（一二七三）二月、伊勢太神宮に参詣して大般若経を転読したのをはじめ、河内枚岡神社、住吉大社等にも参詣している。上田さち子著『修験と念仏』には、叡尊が三輪流神道を興したことが紹介されている。

道元禅師と親鸞聖人の神祇観

中世という時代にあって、日本の神祇は軽々しい存在ではなかった。というより仏教者にとっては仏教以前の問題として大きくたちはだかっていたというべきものであった。それは鎌倉新仏教者の一人に数えられている道元禅師（一二〇〇～一二五三）についてもいえることであって、彼は『正法眼蔵』（「行持下」）に「おほよそ天神地祇、三界衆生よりも貴なるべし」といい、「古鏡」にも「日本国、神代より三鏡有り。璽と剣と、而も共に伝来して今に至る。一枚は伊勢の大神宮に在り、一枚は紀伊の国日前の社に在り、一枚は内裡の内侍所に在り」といって「しかあればすなはち、国家みな鏡を伝持すること、あきらかなり。鏡をえたるは国をえたるなり。人つたふらくは、この三枚の鏡は、神位とおなじく伝来せり、天神より伝来せると相伝す。しかあれば、百練の銅も陰陽の化成なり。今来今現、古来古現ならん。これ古今を照臨するは、古鏡なるべし」と発言している。さらには「洗面」には「在家出家、洗面ののち、衣裳をたゞしくして、天をも拝し、神をも拝し、祖宗をも拝し、父母をも拝す。師匠を拝し、三宝を拝し、三界万霊、十方真宰を拝す」とある。

神（日本神祇）の存在は神以前ともいいうる価値観のなかで、鎌倉仏教者の信仰生活に深い影響を与えていた。鎌倉時代仏教者たちは、新旧とわず、すべて神祇を重んじた。ただひとり浄土教の人々だけが神祇不拝を信条にした。法然上人のあとを継いだ親鸞聖人についてその神祇観をみてみると、不思議なことに肯定・否定の両面がみられる。

たとえば『教行信証』に「仏に帰依せば、つひにまたその余のもろもろの天神に帰依せざれ」とあり、また「余道に事ふることを得ざれ、天を拝することを得ざれ、鬼神を祠ることを得ざれ、吉良日を視ることを得ざれ」とあり、また『正像末和讃』には「（神祇を拝むことは）「かなしきかなや」と嘆じており、ともに否定的発言である。ところが「親鸞聖人御消息集」には「まづよろづの仏・菩薩をかろしめまゐらせ、よろづの神祇・冥道をあなづりすてたてまつると申すこと、この事ゆめゆめなきことなり。世世生生に無量無辺の諸仏・菩薩の利益によりて、よろづの善を修行せしかども、自力にては生死を出でずありしゆゑに、曠劫多生のあひだ、諸仏・菩薩の御すすめによりて、いままうあひがたき弥陀の御ちかひにあひまゐらせて候ふ御恩をしらずして、よろづの仏・菩薩をあだに申さんは、ふかき御恩をしらず候ふべし。仏法をふかく信ずるひとをば、天地におはしますよろづの神は、かげのかたちに添へるがごとくして、まもらせたまふことにて候へば、念仏を信じたる身にて、天地の神をすてまうさんとおもふこと、ゆめゆめなきことなり。神祇等だにもすてられたまはず、いかにいはんや、よろづの仏・菩薩をあだにも申し、おろかにおもひまゐらせ候ふべしや」とあり、『歎異抄』には「念仏者は無碍の一道なり。そのいはれいかんとならば、信心の行者には天神・地祇も敬伏し、魔界・外道も障碍することなし。罪悪も業報を感ずることあたはず、諸善もおよぶことなきゆゑなりと云云」（第七）とあって、神祇にたいして肯定的発言である。これらは親鸞聖人にははっきりした神祇観がなかったと評してもよいもの。そもそも親鸞聖人という人は生涯をつうじて迷いのなかを突っ走った感じなのだが、それが神祇観にもあらわれている。

法然上人はどうして神祇を否定したのか。日本の神祇にたいする考えと末法到来とは、深くからんでいると思う。末法とは要するに法滅尽のときという意識下にある。法然上人は念仏一行のみを選択し、他の一切を切り捨て、極楽行きのキップのみが有効と説いたのだが、その捨てられる範疇に神祇もまたおのずから入ってしまったということにほかならない。これは浄土教のおおいなる誤りではなかったか。親鸞聖人はそこに迷い心を涌かせたということだろう。ひるがえって日蓮聖人は、その大曼荼羅ご本尊のなかに日本の神祇を代表させ、天照大神と八幡大菩薩を鎮座させた。日本の神祇を否定的にとらえるどころか、おおいに神祇崇拝をすすめた。

日蓮聖人の登場——仏教の本流への道

ここで日蓮聖人の神に対する考えはどうであったかをみておかねばならないが、それはしばらく後のこととして、ここで日蓮聖人という人はどのような人だったのかみておく。

日蓮聖人（一二二二〜一二八二）は、千葉県小湊に漁夫の子として誕生した。幼少のときより聡明だったのだろう、十二歳にして清澄寺（当時は天台宗）にはいり、十六歳で道善坊を師として出家得度した。十七歳より当時の日本の中心地・鎌倉に遊学、二十一歳には比叡山に遊学する。これらの遊学は、師の道善坊が弟子日蓮の並ではない俊秀な個性を見出し、田舎の寺に置いておくはできないという判断によるものだろう。このときより日蓮聖人は比叡山の定光院を拠点として天台学を学ぶ一方、奈良・京都・大坂・高野山へと足をはこぶ。それには一つの大きな目的があった。そのあたりのことについて、五十七歳のおり、当時を追想して次のように語った手紙が遺されている。

日蓮は日本国安房国と申す国に生れて候しが、民の家より出でて頭をそり袈裟をきたり。このたび、いかにもして仏種をも植《う》へ、生死を離るる身とならんと思ひて候し程に、皆人の願《ねがわ》せ給ふ事なれば、阿弥陀仏をたのみ奉り、幼少より名号を唱へ候し程に、いさゝかの事ありて、この事を疑《うたがひ》し故に一の願をおこす。日本国に渡れる処の仏経並びに菩薩の論と人師の釈を習ひ見候はばや。又倶舎宗・成実宗・律宗・法相宗・三論宗・華厳宗・真言宗・法華天台宗と申す宗どもあまた有《あり》ときく上に、禅宗・浄土宗と申す宗も候なり。これらの宗々枝葉をばこまかに習はずとも、所詮肝要を知る身とならばやと思し故に、ずいぶんにはしりまはり、十二・十六の年より三十二に至まで二十余年が間、鎌倉・京・叡山・園城寺・高野・天王寺等の国々寺々あらあら習回り候し程に、一の不思議あり。我らがはかなき心に推するに仏法は唯一味なるべし。（「妙法比丘尼御返事」一部表記を改めた箇所あり）

これをみると、日蓮聖人の遊学は「仏法は唯一味」ではないのか、という疑問から発していることがわかる。当時の日本の国には、仏教宗派として十宗を数えることができ、このことへの疑問を解明すること、そこに遊学の目的はあった。日蓮聖人というと即「法華経の行者」と思われがちだが、そこへゆくまでのこうした遊学期間が十二歳から三十二歳までのあいだ、必死におこなわれたことの事実をおもくみなければなるまい。「仏法は唯一味」のその「一味」とは何かということは、畢竟仏教の真実とは何か、本流とは何かということを追求し、結論をだしてゆくための勉学だった。その結論は『法華経』だった。それは伝教大師以来、比叡山に伝えられてきた経典にほかならないが、その比叡山は最澄滅後、密教化・貴族化し、もとの純粋な法華経主義は薄れていた。世に仏教と名のつくおしえが十宗も存することもあわせ、これらにたいする怒りが日蓮聖人の胸にたぎったと考えてもおかしくはなかろう。その「一味」が『法華経』であることをつかみとった日蓮聖人は、三十二歳にして法華経主義を故郷清澄寺において宣言する。そしてこれ以後はまっしぐらにそのための弘経に邁進してゆく。その人生は入滅にいたるまでの間、法難につぐ法難で、まさに身のやすまるときの一時としてなかった茨の道だったわけだが、その法難によって宗教的昂揚はいよいよ高まりをみせてゆく。

ところが、日蓮聖人ほど誤解をまねいてきた人はいない。百パーセント心酔する人と、百パーセント敵対視する人とに極端に分かれている。それはどうしてなのか。ここにふたつの文章を提示しておこう。

日蓮は明日佐渡国へまかるなり。今夜のさむきに付ても、牢《ろう》のうちのありさま、思やられていたはしくこそ候へ。あはれ殿は、法華経一部色心二法共にあそばしたる御身なれば、父母六親一切衆生をもたすけ給べき御身也。法華経を余人のよみ候は、口ばかり言《ことば》ばかりはよめども心はよまず。心はよめども身によまず。色心二法共にあそばされたるこそ貴く候へ。

（『土籠御書』）

この経（『法華経』）にあだをなす国をばいかに正直に祈り候へども、かならずその国に七難起こりて他国に破られて亡国となり候こと、大海の中の大船の大風にあふが如く、大旱魃の草木を枯すが如しとをぼしめせ。当時日本国のいかなるいのり候とも、日蓮が一門法華経の行者をあなづらせ給へば、さまざまの御いのり叶はずして、大蒙古国にせめられてすでにほろびんとするが如し。

（『上野殿母尼御前御返事』）

前の文章は日蓮聖人自身が佐渡に流罪になるというその前日、弟子日朗に宛てた手紙。このとき日朗もまた鎌倉において牢屋にいれられていたが、その日朗を思いやっての手紙。日蓮じしんの佐渡流罪は、まさしく死を覚悟せねばならぬ事態である。そういう極限状況にあった聖人が弟子をおもいやる心情がここには吐露されている。読むものは涙なしには読むことができない。かたや後の文章は南条氏の母に宛てた手紙文。日本の国が『法華経』に反対して他宗の経典によって祈るなら、日本はかならず亡国の憂き目にあうだろうというのである。法華経の行者である自分日蓮をあなどれば、他宗のお経の祈りはかなうことなく、ついには蒙古国に攻められて、亡んでしまうというのだ。

このふたつの文章のうち、前者の心情に同調する人々は日蓮聖人の心根のふかさに感動して日蓮信者になる。後者の一種おどしともとられる文章に接したものは、日蓮というのはこわい人だ、『法華経』によらなければ日本が亡ぶといっている、これは恐怖の発言そのものではないか、と忌諱してしまうであろう。極端な二面性が日蓮聖人にあるということは、それだけ日蓮聖人という人は正直だったのだ。正直も正直も、この人ほどすべてにたいして正直であった人はいない。明治時代、『代表的日本人』のなかで内村鑑三は、日蓮聖人を「しんそこ誠実な人間、もっとも正直な人間、日本人のなかで、このうえなく勇敢な人間」と評したが、まさにそのとおり、日蓮聖人という人は、経典にたいして疑うということのない人だった。『法華経』の説相を百パーセント信じきり、終生まったく疑うことはなかった。

しかし考えてもみるのだが、まったく疑わないということは、これほど恐ろしいことはないのではないか。人間という存在はある面では信の世界に生きるが、一方では疑念をもって生きる。それがごく一般の人たちの生きる道というものだろう。しかし日蓮聖人はお経にある「正直捨方便」という経句を完全肯定し、微塵も疑うことをしなかった。そして生涯法華経の行者として生ききった。その正直さが、日朗に向かう時はこころやさしいお師匠さんというイメージをもたせ、南条氏の母にたいしては怖いイメージをわかさせる。当時においても門弟のあいだで「日蓮聖人はこわい」とおののいていた人たちはいたのである。

日蓮聖人の生涯とその神祇観

日蓮聖人の宗教は難解だといわれている。それは次々と起こった法難を経験するたびに、宗教的な深まりが研ぎすまされていったからにほかならない。ここでは、日蓮聖人の神祇観を中心にそれを見てゆくことにする。その基本的な姿勢は、日本の神はどこまでも仏教、なかんずく『法華経』や法華経の行者を守護するところに、その任務があり、仏と神とは不即不離の関係として把握されていて、この姿勢は生涯変わることはなかった。

「日本国と申は天照太神の日天にしてましませす」（『撰時抄』）という、日本はそもそも神国という国柄とし、さらに、「日本国はいみじき国にて候。神を敬ひ仏を崇る国なり。而《しかれ》ども日蓮が法華經を弘通し候を、上一人より下万民に至まで、御あだみ候故に、一切の神を敬ひ、一切の仏を御供養候へども、其の功徳還て大悪となる」（『治部房御返事』）と強調された。『法華経』を信仰せず、他の経典にこころを奪われていれば、神は守護するどころか、却って「大悪」となるとの発言は、正法である『法華経』の信仰が失われれば神もまた日本を守護しないという考えかた。仏と神の関係は、根本は仏であり、仏を助けていくのが神の仕事という考えかた。さきに鎌倉旧仏教者たちが「日本の神を仏教のうえに置いたもの」（神本仏迹）といったが、日蓮聖人にあっては、仏教のほうが神より上に置かれた（仏本神迹）。日本の神も南無妙法蓮華経と唱えてこそ、神本来の仕事である守護という任務を十全ならしむることができるというのである。

日蓮聖人の神祇観についてみてみると、その生涯の宗教的覚醒がもののみごとに対神観念をとおして変化しつづけたということがわかる。聖人のご生涯を、そうした対神観念をとおしてみてゆくと、次の六期にわけて考えることができる。

第一期—建長五年（一二五三）四月～正元元年（一二五九） 天台学継承期
第二期—正元元年（一二五九）～弘長元年（一二六一）四月 仏教的開眼期
第三期—弘長元年（一二六一）五月～文永四年（一二六七） 人間的開眼期
第四期—文永五年（一二六八）～文永九年（一二七二）三月 歴史的開眼期
第五期—文永九年（一二七二）四月～文永十一年末まで 宗教的開眼期
第六期—文永十二年（一二七五）～入滅まで（身延期） 包摂・弘教期

第一期は法華宗開宗のときから『守護国家論』執筆までの期間。このときまでに『法華経』が釈尊出世の本懐経であることは把握されていたが、その確信をえるためになお研鑽が積まれたときである。聖人独自の宗教観は未開発の時期といってもよい。ただ神祇がその支えとしてあった。第二期は『守護国家論』が執筆され、『立正安国論』が幕府に上呈された時期から伊豆伊東へ流罪となるまでの期間。この期には『法華経』が信じられぬ日本であれば、神たちは国を捨てて天上にあがってしまい、その本来の任務である守護の役割を果たさないとされた。『守護国家論』に「法味を嘗めざれば、威光・勢力あることなく、四天王並に眷属この国を捨て、日本国守護の善神も捨離し已んぬ」などとあるとおり。この期を「仏教的開眼期」と名付けたのは、仏教は『法華経』を中心にしなければならぬという信念がこの期に確立したことを受けてのことである。第三期は伊豆伊東への流罪、そして赦免を経て故郷安房へ帰郷するも、小松原法難に遭遇し、弟子二人、ご信者一人が殉難、自身も疵を負われた時期。この時期の御遺文としては、『月水御書』に「若法華経の一字をも唱ん男女等、十悪・五逆・四重等の無量の重業に引れて悪道におつるならば、日月は東より出させ給はぬ事はありとも、大地は反覆する事はありとも、大海の潮はみちひぬ事はありとも、破たる石は合とも、江河の水は大海に入らずとも、法華経を信じたる女人の、世間の罪に引れて悪道に堕る事はあるべからず」などとある。聖人は神の絶対守護を確信されているが、また法華経の行者自覚を吐露されたので、「人間的開眼期」と名づける。第四期は蒙古の国書が到来した時から文永の法難（龍口法難）、佐渡への流罪までを指す。この期には神の不守護が説かれつつも、神にかわって日蓮聖人自身が日本を守護するという信仰をもたれた時期。『開目抄』執筆が、この期を特徴づけている。ここでは日蓮聖人が日本のみならず中国・朝鮮を含む三国のなかでもっとも『法華経』を体現したものという自覚が吐露されたので、「歴史的開眼期」といえる。『開目抄』に「日蓮なくば誰をか法華経の行者として仏語をたすけん」とあるとおり。第五期は、佐渡塚原から一谷《いちのさわ》へ移られ、そこで執筆された『観心本尊抄』を中心にした世界観。ここではじめて南無妙法蓮華経の意味と価値が宣言され、仏教守護の諸天や日本守護の神祇のすべてが南無妙法蓮華経の題目のなかに接収されるという大きな世界観が発表された。『観心本尊抄』に「今、本時の娑婆世界は三災を離れ四劫を出《いで》たる常住の浄土なり。仏すでに過去にも滅せず未来にも生じたまわず。所化もって同体なり。これすなはち己心《こしん》の三千具足、三種の世間なり。迹門《しやくもん》十四品には未だこれを説かず。法華経の内においても、時機未熟の故《ゆえ》なるか。この本門の肝心南無妙法蓮華経の五字においては、仏なほ文殊薬王等だにもこれを付属せず。いかに況やそれ已下《いげ》をや。ただ地涌千界を召し八品を説いてこれを付属したまふ」（一部表記を改めた）とあるのはその動かぬ文章といえる。日蓮聖人の到達された窮極の世界であり、「宗教的開眼期」と名づけるのが妥当だろう。ここで逮得された境地は「上行自覚」という、時空を超越した比類なき世界。日蓮聖人の宗教が日本のみならず、世界的な視野をも内包したことを意味するといってもよい宇宙観。

聖人の宗教は右の第五期（佐渡後期）の『観心本尊抄』述作の時をもって完成する。この約二年半におよぶ佐渡流謫《るたく》を赦され、身延山にはいられてよりご入滅までは第六期としてくることができる。この場合、身延入山は文永十一年五月だが、文永十一年末よりを第六期と考える。それは身延入山後、上行付嘱というさらに大きな世界観がそこで発表されたからである。しかしそれ以後の身延期（第六期）にはおおきな宗教的覚醒といったものがみられない。聖人にとって身延期はもっとも安定した八年間であり、遺されている四百数十編にものぼる御遺文も、約半分ちかくが身延山で書かれている。しかし身延期の御遺文を拝すると、第二期から第五期までの思想が入れ乱れていることがわかる。第五期佐渡の窮極の思想（上行自覚）がそのまま持ち越され、身延期にいたってなお吐露されているのだが、それだけではなく第二期の善神捨国の思想や、第四期の苦悩に満ちた葛藤の足跡の告白などもみられる。

『法華経』の特色

およそ鎌倉仏教の性格が論じられるとき、そこではかならずといってよいほど「選択」の思想がおもてにでてくる。それは法然上人において特徴的なのであって、彼はすべての思想、宗教、仏教を否定したうえで、そのなかから選択され、選びぬかれたものが、ほかならぬ念仏の一行とした。日本の神のみならず、すべてのおしえというおしえが否定されつくし、ただただ念仏一行のみにしぼりこまれた。ところが日蓮聖人の宗教観をみてみると、神に対してがそうであったように、聖人はすべてを否定し去ったのではない。日蓮聖人の宗教は、選択の思想ではくくることはできない。むしろ「総在」の思想といったほうがよい。ひとつの中心となる本尊の中に他の一切をくくるという思想。

それは、じつは『法華経』そのものが説くところ。たとえば「薬王品」では『法華経』と他の経典が十種の譬喩によって比較されている。ここにそのすべてを引用することはわずらわしいので、二三に留めたい。

①水喩。諸水の中で海が第一であるように『法華経』も諸経の中で最も深大である。

②山喩。諸山の中で須弥山が第一であるように『法華経』が諸経の中で最上である。

③星喩。衆星の中で月が第一であるように、『法華経』も諸経の中で最上の照明である。

④日光喩。太陽が諸の闇を除くように、『法華経』は一切不善の闇を破る。

このように『法華経』では説かれている。この十種の喩えによって、『法華経』が一切経中の経王であることが示されたわけである。

ここを基点として日蓮聖人は曼荼羅ご本尊を図顕された。そこにおいては、あらゆる神さま仏さまが、南無妙法蓮華経のご本尊に向かって合掌する姿がある。もちろん、そこに日本の神さまがおられることはいうまでもない。それどころか仏教にとって悪人の代名詞となっている提婆達多《だいばだった》さえ、また魔王といいわれる第六天の魔王も、このなかに入っている。悪人も魔王も、切り捨てられることなく、曼荼羅のなかに接収されている世界、それが日蓮聖人の曼荼羅世界なのである。

本流としての日蓮聖人の宗教（1）

ここまで日本の仏教史を考えてきて、あらためてふり返ってみると、仏教の本流として、まず第一に聖徳太子がこの国に仏教を根づかせ、次に行基が仏教を民衆のなかに浸透させ、第三の大河として伝教大師最澄が『法華経』中心つまり教学中心の仏教を建立した。この『法華経』中心の仏教こそは、仏教の本流とよぶにもっともふさわしいであろう。おしえがなくて、どうして仏教といえるかと問うたとき、伝教大師はその答えを提出された。

その伝教大師のおしえを心棒とした日蓮聖人には「三国四師」ということばが残されている。インド・中国・日本という三国に、釈尊・天台大師・伝教大師・日蓮という四師。これら四師に共通なのは『法華経』。くわしくいうと、釈尊の八万四千にもおよぶ経典のなかで、釈尊がもっとも眼目とされたのは『法華経』であった。多くのなかのひとつの経典というのではなくて、釈尊は『法華経』を説くために、この世に出現されたというのである。天台大師はこの『法華経』中心の仏教を建立し、すべての経典を『法華経』のなかに摂取することによって釈尊の教えを系統だてた。伝教大師はそのおしえをそのまま受容して比叡山仏教として集約させた。日蓮聖人はその後を継いで、「法華経の行者」として一生を『法華経』にささげ、自ら上行菩薩の自覚を得たわけである。

このようにみると、歴史的にも思想の系譜上からも、日蓮聖人の仏教は本流中の本流とよんでもよい。対して、法然上人などの説いた浄土教の教えは、正統仏教からはみでた支流として出発したものであった。その勢いはやがて日本中を席巻してしまうほどの力で圧倒してゆくのだが、それは根柢に「あの世」志向をもつものであり、その「あの世」の世界は極楽という人間の想像したひとつのユートピア志向の結果に過ぎなかった。

「娑婆即寂光」は法華的思想の中核をなす考えかただが、それは人間の理想はこの苦悩に満ちた「この世」でこそ光輝を発揮してゆかねばならぬというもの。仏教のこの根幹のところを、日蓮聖人はしっかりとおさえて「法華経の行者」としての一生を貫いた。これを本流といわずして、なにを本流というべきか。

そして今、私たちはその本流という流れに立って、理想の社会建立のために働いている。

宗祖亡きあとの教団

仏教の大河は鎌倉時代において、大きな花を咲かせた。それらの花々の、今日的な評価をくだすことは、たいへんむつかしいが、ひとつ言いうることは、鎌倉仏教にはそれまでの仏教との間に著しい相違点がみられるということ。それは教団という組織がつくられたことである。

教団組織ほど日本的仏教といわれるものもない。釈尊在世のときにもそれらしきものは存在するには存在したが、それは釈尊を中心にした出家者のあつまりであり、現代日本において見られるような組織ではなかった。いな、鎌倉仏教の各宗祖たちもまた、そのような組織をつくることはなかった。どちらかというと教団のような組織には否定的な感がつよい。親鸞聖人などは、はなから教団組織というものに反対している。

しかし日本仏教の教団は、鎌倉時代の各宗祖たちがご遷化されたあと、各宗祖を宗祖としてまつり上げたところからはじまってゆく。「教団組織」の成立である。そこには宗祖と教団との懸隔、矛盾といったことが次々とでていった。時代や思想の変化、文化や環境の大きな変化などが、宗祖のおしえから逸脱せざるをえない状況をつくっていった。各宗祖たちは、鎌倉時代という荒波の中を、仏教という根幹だけは忘却することなく、というより真に釈尊と直結するおしえを求めて、戦った。それが神祇に反対するものであれ、肯定する立場を標榜するものであれ、そこには仏教が生きたおしえとしていきいきと生きていた。けっして葬式仏教などというものではなかった。極楽といったあの世志向の法然上人や親鸞聖人などの念仏往生の思想さえ、この世を生きぬくための往生思想として受け取られるようになる。
それぞれの宗祖亡きあと、教団と各宗祖たちの思想との関係は著しく異なったものへと変貌する。浄土系教団も、禅系教団も、宗祖とはまったくかけ離れた関係がそこにおいては醸成されていった。たとえば親鸞聖人と蓮如聖人、道元禅師と瑩山紹瑾《けいざんじょうきん》とでは百八十度、その思想は異なっている。各教団が宗祖を宗祖としてまつるのであれば、それら宗祖の思想を根本におかねばならないはずだが、現実はそうはなっていない。ここに現代の仏教や仏教徒のかかえる大きな問題点が指摘される。
ことに神祇に対してどちらかといえば否定的だった親鸞聖人のおしえにたいして、蓮如聖人は神祇信仰を表にだし、それを布教のおおきな手だてとした。その布教方法についても、他の教団の人たちにみることのできない積極的な方法を講じている。そのあたりについて笠原一男著『蓮如』には次のようにある。

蓮如は、村々の布教と異端との戦いにおける基本的態度をつぎのようにいっている。

三人まづ法義になしたきものがある、と仰られ候。その三人とは坊主と年老《としより》と長《おとな》と、此三人さへ在所々々にして仏法に本付《もとづき》候はゞ、余のすえずえの人はみな法義になり、仏法繁昌であろうずるよ。　（『栄玄記』）

ここにある坊主というのは、本願寺派以外の真宗諸派の異端である。また、本願寺に帰属しても、真宗の正統の教説と信仰態度を身につけきれぬ坊主たちである。年寄と長＝乙名《おとな》は戦国期の惣村を動かしている村の顔役である。名主層の掟《えきて》がさだめられ、村の生活が運営されているのである。かれらが真宗の門徒となった場合、真宗の年寄・乙名となって俗生活と信仰生活の二重の面で村々の百姓を支配してゆくのである。年寄・乙名をつかめば村全体を自由にすることができるともいえるほどの勢力者である。

現代においても村組織ののこっているところは日本の各地にみられるが、そうした村は一村ことごとく浄土真宗の門徒というところがすくなくないのは、右の事情による。村を支配するためにはこれは都合のよい方法であり、蓮如聖人はそこにするどい刃をむけ、教団を組織していくのに成功した。支配者たちは自分の信仰を矜持したかもしれないが、被支配者たちは、いわば強制的に浄土真宗の門徒に組み入れられたわけである。そのながれがそのまま江戸時代という統制社会に受けつがれ、さらに現代の教団勢力図となっている。そこには自覚的な信仰の吐露はないというべきだろう。村組織が圧倒的な力をもっていた時代、支配者に楯突くことなどできるものではなかったのだから。

現代、そうした村から都会にでてきた人たちが、家に死人ができたとき、自分の宗旨は何であったかと、出身地の村に問い合わせるとすれば、そこに返ってくるのが浄土真宗だということは理解できるが、その宗旨は、このように無自覚的に一方的に浄土真宗に組み入れられたのだという事実を知らなければなるまい。すべてがそうだとはもちろん言い切れないにしろ、このような歴史的な事情は知っておく必要がある。

本流としての日蓮聖人の宗教（2）

大乗仏教はその垣根を除去しようとした信仰者たちの運動ではなかったかと思う。ひとりの有能な人の存在はもちろん必要だが、おしえを普遍化するためには、その垣根をおっ払わなければならない。そのあたり、『法華経』（化城喩品）には

「願以此功徳《がんにしくどく》　普及於一切《ふぎゅうおいっさい》　我等与衆生《がとうよしゆじょう》　皆共成仏道《かいぐじょうぶつどう》」

（願わくはこの功徳をもって、あまねく一切に及ぼし、われ等と衆生と、皆ともに仏道を成《じょう》ぜん）

とある。ここのところを法華経学者・苅谷定彦氏は「みんなぼさつ」という言葉に集約されている。『法華経』のおしえはすべての人が成仏するおしえだと示されたわけである。この「すべて」のなかには、それこそ全衆生がはいる。仏教においては衆生は人間だけをさすのではない。動物も植物も、この世に存在するすべてが対象。苅谷氏が住職されていた寝屋川市本信寺には、氏の筆になる「皆共成仏道」と書かれた石碑が建っている。『法華経』を信ずるものはすべてこの経典のなかに生きてゆくことを意味するこのことばこそは、『法華経』のみではなく大乗仏教の根本思想。

具体的にいうと、日蓮聖人が示された「小児、乳を含むに、其の味を知らざれども自然に身を益す」につうじてゆく。南無妙法蓮華経という『法華経』の題目を唱えることによって、あるいは聞くことによって、さらには聞かせることによって、自然と身が益されてゆくという信仰。そこには指導者も被指導者も隔たりがない。まさに平等そのものの世界。それを日蓮聖人はまたこ

のようにいわれる。

聖人の唱へさせ給ふ題目の功徳と、我等が唱へ申す題目の功徳と、何程《いかほど》の多少候べきやと云云。更に勝劣あるべからず候。其の故は愚者の持《もち》たる金も智者の持たる金も、愚者の然せる火も智者の然せる火も、其の差別なき也。（『松野殿御返事』一部表記を変更）

ここまで言われている。聖人と凡夫にはまったく差がないというはっきりした断言だ。あとはただ『法華経』を、そしてお題目を信じるしかない。そしてそのなかにおのれの身をなげだしてゆく。日蓮聖人はこのようにお題目の功徳の絶大なることを果敢として言い放たれたが、これを一神教的な立場と規定できるかどうかと問いたい。

法然上人の場合は弥陀信仰以外のすべてを捨てなければならないという、それこそキリスト教につうじるような一神教的な立場を標榜されたのだが、日蓮聖人の場合はどうだろう。私には多神教を包摂した一神教の立場が日蓮聖人のおしえではないかと考える。そもそも『法華経』という経典じたいが「万善同帰教」といわれているわけだから、その行者を自認する聖人が、このような立場にたたれることは不思議なことではない。

御遺文には、たとえば次のような文章がみられる。

一度《ひとたび》妙法蓮華経と唱ふれば、一切の仏・一切の法・一切の菩薩・一切の声聞、一切の梵王・帝釈・閻魔法王・日月・衆星・天神・地神・乃至地獄・餓鬼・畜生・脩羅・人天一切衆生の心中の仏性を、唯一音によび顕し奉る功徳無量無辺なり。我が己心の妙法蓮華經を本尊とあがめ奉て、我が己心中の仏性南無妙法蓮華経とよびよばれて顕れ給ふ処を仏とは云ふなり。譬《たとへ》ば駕籠《かご》の中の鳥なけば空とぶ鳥のよばれて集るが如し。空とぶ鳥の集れば駕籠の中の鳥も出んとするが如し。口に妙法をよび奉れば我が身の仏性もよばれて必ず顕れ給ふ。梵王・帝釈の仏性はよばれて我等を守り給ふ。仏菩薩の仏性はよばれて悦び給ふ。

(『法華初心成仏鈔』一部表記を変えました)

『法華経』を唱えると、「一切の仏・一切の法・一切の菩薩・一切の声聞、一切の梵王・帝釈・閻魔法王・日月・衆星・天神・地神・乃至地獄・餓鬼・畜生・脩羅・人天」ばかりか「一切衆生の心中」が、あたかも駕籠のなかの鳥と空飛ぶ鳥とがよびあうような状況ができるというおしえ。

これを日蓮聖人は大曼荼羅ご本尊として示されたのだ。さきにもすこし触れたが、この大曼荼羅は、まず中央に大きく「南無妙法蓮華経」とあり、四方の隅には四天王が配されている。四天王は仏教の守護神。周囲には十界(地獄・餓鬼・畜生・修羅・人・天・声聞・縁覚・菩薩・仏)が配され、みんな中央に向かって手をあわせている。上部に配されるものから下部に配されるものまで、それぞれが自分の位置をしっかり守って秩序ただしくその場所に存在する。世の中の秩序が整然と配されている世界が大曼荼羅の世界である。それはもはや宗教とか仏教とかの次元をはるかに超えて、この世の実相そのものの姿を投影したものにほかならない。そしてその中央に大書された「南無妙法蓮華経」。このお題目に向かって「南無妙法蓮華経」と大きな声で唱える。すべてがそのとき宇宙のなかに溶けこんでゆく。鴛籠のなかの鳥と空飛ぶ鳥とがよびあうように、みんな溶けこんでゆく。すばらしき宗教世界、仏教世界ではないか。ここに仏教の本流は滔々とながれゆき、私はそのながれのなかを往く。

第二章　私のジグザグ人生

高校三年生の悩み

私の生家は丹波の福知山で、三代つづいた米屋でした。そういう商家生まれのものがお坊さんになろうとし、実際お坊さんになりました。家の宗教は浄土真宗でしたが、私は法華のお坊さんになりました。それには意義深いものがあるような感じがいたします。浄土真宗の在家の生まれの私が、どうして法華のお坊さんになったかということは、これはよくよくの因縁があってのことと思います。

お坊さんにならないまでも、一般に法華信仰に入った人の動機をうかがいますと、ご先祖様代々が法華だというかたを除けば――いや、そういう人たちだって、いつの時代にかご先祖様のどなたかが法華信仰に入られた動機というものをお持ちのはずですが、ごく一般的には病気をなおしてもらったとか、深い因縁を払ってもらったとかというようなケースが多いようです。もうどうしようもない土壇場にある人を救いあげるもの、それが法華経であるというようなことは、私はずっとあとから知ったことでした。

私の両親は特に法華経に関心があったわけではありません。というより家の宗教である浄土真宗の寺へもそう頻繁にお参りするというような人ではありませんでした。そのくせお寺への寄付だけはどこの家よりたくさんしていたようです。多分商売とのからみみたいなものがあったのではないかと、今にして思われます。そういう無信心な親のもとで大きくなりましたので、いきおい私も子供のときからあまりお寺参りというものを経験したことがありません。きっと親たちは商売で忙しかったためだろうと思いますが、盆暮れのつけ届けの役割は子供たちがさせられていました。年に二回はかならず妹と寺に足をはこびますと、奥さまがでてこられて、お菓子なんかをくださった思い出があります。それから四月八日の花まつりのとき、甘茶をいただくために行列のうしろのほうに並んだ記憶があります。

私がお坊さんになろうという考えをおこしたのは高校三年生のときです。子供のときから本が好きで、ずいぶん本ばかり読んで大きくなったのですが――その本というのも大部分が小説とか思想書でした――勉強のほうはさっぱりできませんでした。というより勉強ができないから、そういった本の世界に埋没していったのかもしれません。私には姉三人と妹一人があり、男は私だけなので、父は私に商売を継がせたいと考えていたにちがいありません。しかし私ははなから商売向きの性質ではなかったようです。小学生の頃、毎日のようにお米を買いにくるおじさんがいました。その人はにこよんといって、日雇い労働者でした。ちなみにどうしてにこよんと呼ばれていたかというと、支給される金額が一日二百四十円だったからといいます。初老の汚いよれよれの服を着た、あまり格好よくないおじさんが、その日の稼ぎが入っている汚れのついた財布のなかから小銭をだす姿をみていると、タダでもいいからお米を差し上げたいなどと思いつつ秤の目盛りをわざと大きくしたものです。おじさんは、私が対応してくることを喜んだものですが、親からは大目玉をくらいました。

昭和三十二年当時、福知山の高校から大学へ進学する人は全体の三分の一にも満たないほどでした。私は勉強のほうがあまりかんばしくなかったので、大学へは行かないつもりでしたが、一応は進学クラスに入っていました。でも相変わらず本ばかり読んで勉強はあまりいたしませんでした。姉たちが力づけてくれて、心が大学に向いたこともありますが、結局は大学へは行かず、就職することに心が傾いていきました。本来的に私は父とは意見があわず、時々衝突していましたから、大学まで行って親に面倒をみてもらうことに抵抗を感じていたというのが、ほんとうのところです。もともと自分は商売には向いていないと思っていましたが、そうかといって就職するとして、いったい何が私に向いているのか。どの職業を選択すればいいのか。まったくわからない状態です。

本当はなにか文筆で立ってゆかれる仕事がしたかったのです。けれどもその道はずいぶんと険しいし、大学へ進学しないものにそのような道が開けてくるはずもありません。世の中のことは何ひとつ知らないいなかの高校生です。当時は世の中を案外軽くみていたようです。大学へは行かぬが、ともかくよく勉強（この場合の勉強とは本を読むことです）できる場所はどこかといろいろ考えているうちに、私は宗教家というものに思いいたりました。といって特別な宗教がイメージされたり、なにか信仰をもってということではなく、職業としての宗教家を選ぼうとしたわけです。今から思えばずいぶん大胆なことを考えたものです。結局はそういうふうに考えたことが、私自身の因縁だったのかもしれません。

お坊さんになろうと思う

この因縁ということ。人は生前から自分の運命が決定されているのでしょうか。その運命に逆らうことはできないのでしょうか。たとえば男として生まれる。あるいは女として生まれる。また世の中には背の高い人もあれば低い人もあります。五体満足で出生するものもあれば、もともと障害をもって生まれてくる人もあります。すべて自分の意志によって結果したものではありません。金持ちの家に生まれるものもあれば、貧乏な家で産声をあげる人もいらっしゃる。すべて自分の選択としてではありません。男として生まれたかったといっても、女として生まれたかぎり、その人は一生を女として生きぬかねばなりません。最近は性転換をはかる人もおられますが、根本的には私たちのいのちは天から与えられたもの、と解さねばなりますまい。しかし天から与えられたものであっても、その範囲のなかで、人は精一杯の努力を積み重ねていかねばならないのではないか。背の低い人はどう努力しても背が高くなることは叶いません。けれども背丈だけを価値観の中枢にいれるから苦悩がはじまるのであって、価値観の転換をはかることによって、人生においてはただ背丈だけでものごとが決定されるのではないとさとれば、別の道がおおいに拓けてくるはずです。どのような星のもとで生まれでるか、それは選択することはできません。けれども生まれた中で、因縁を通り抜けて新たな自分をつくってゆくことは可能なはずです。というより、無限の可能性にむかって生きてゆこうとすること、そこに人生の本義があるのではないかと思うのです。

私がどうしてお坊さんになろうとしたのか、それほど深い自覚がそのときあったとは私には思えません。でもいよいよお坊さんになろうとしたある日のこと、家の仏壇に向かって拝んだときのことです。次第にからだがこわばってくるではありませんか。みるみるからだが硬直してゆくのがわかりました。いわゆる「金縛り」にあったのです。もうどうしてもその呪縛を取り除くことができません。拝むどころではなく、私はじっとそのままの状態で横になりました。頭はいつまでも朦朧としていて、なにかをつかみたいと思うのですが、それがなかなかできないのです。そのまま意識が薄れてゆくのを、私はそれではいけない、このままの状態がつづけばそのまま死んでゆくのではないかと意識の底で考えていました。仏教では意識というのは第六識のことをさし、その意識のさらに深いところにある第七識の末那識《まなしき》や、さらに第八識である阿頼耶識《あらやしき》が潜んでいるということは後になって知ったことです。金縛りの状態でその呪縛に苦しみながらも、そのときの私は無意識の状態のまま「この呪縛から脱出せねば」という心をはたらかせていたものと思います。やっとの思いでその呪縛から抜けでられたとき、自分はやはり宗教家にならねばならない運命をもっているのかもしれないと、そのとき思ったことです。

ついでにこの金縛りの経験について述べておきますと、私が後に正立寺へやってきましてしばらくしたとき、このときと同じような経験をしたことがあります。ご本堂へ掃除をしに入ってゆき、ご宝前にご挨拶するために正座をして拝んだとき、いきなり金縛りにかかってしまいました。私は力いっぱいお題目を唱えようとするのですが、口からは言葉がまったくでてきません。

というより出すことができませんでした。さきほどの第七識なり第八識じゃありませんが、力をこめていくどもいくども南無妙法蓮華経と唱えつづけました。おそらくはじめは小さくて声にもならなかったことでしょうが、徐々に大きな声でお題目が口からではじめました。金縛りの状態はそんなに長くはなかったと思います。自分で唱えるお題目が自分の耳から聞こえたとき、私は助かったと胸をなでおろしたものです。私が金縛りにあったのはその二度だけです。でもこうした経験は私に、自分は信仰しなければいけない身の上だということを気づかせたのでした。

キリスト教か仏教か

さて、そういうことで、はじめはお坊さんというよりは宗教家になりたいと考え、とにかく学校の先生に相談しました。高山雄次郎という社会科担任の先生で、この先生はできのわるい教え子を、どういうわけか高くかってくれていました。「将来は学者になるのか」とか「文学部ではなにを研究したいと考えているのか」などと、当方が考えもしないことをずばずば言っていました。私はもう大学へは行かぬと決めていましたので、そういうふうに高くかってくれる先生に、本当は相談しにくかったのですが、とにかく真剣になってくださる先生ということで、思いきって宗教家になりたいと告げたのでした。

私の「決意」に、はじめは先生もびっくりなされていましたが、いろいろと説明するうちには納得してくだされ、先生はやがてキリスト教の牧師になるよう勧めました。高山先生は熱心なクリスチャンでした。相談したうえは、いやもおうもなく私は先生の紹介でキリスト教の教会へ通うことになりました。いろいろな行事にも参加させていただきました。賛美歌もちょっとは稽古いたしました。もちろん聖書はいくども読みました。私たちの生活とは遠くはなれているはずの宗教の世界が、なんとも身近に感じられたものです。

でもなんだかキリスト教はものたりないのです。奇蹟のオンパレードのような聖書は読めば読むほど自分の道ではないような気がしてゆきました。信仰とはまず信じることがその出発点としてあるわけですが、聖書の内容をはじめから信じろといわれても、そこにはおおいなる抵抗がありました。そのうえニーチェが「神は死んだ」なんていうことを言ったり、シュペングラーという人が『西洋の没落』という本をだしたり、思想書や哲学書を読んでゆくにつれ、次第に西洋文化というものに疑問をもちかけていた私は、そこから生まれでてきたキリスト教というものにも批判的になっていこうとしていた、ということかもしれません。いくどとなく読んだ聖書も、読めば読むほど距離が遠くなっていくように感じたものです。これは私の精神の土台に信仰心というものがなかったからでしょうか。

高山先生にはわるいと思いながら、今度はいろいろと仏教をひとりで勉強しはじめました。自分は日本人なのだから、やはり仏教のほうを身近に感じたというのが事実です。それまでに読んだもののなかにも仏教に関するものがおおかったということも理由としてはあったのではないかと思います。市の図書館へ行ったり、自分で仏教の本を買ってきて勉強したわけです。でも当時の仏教書はみんなずいぶんむつかしいものばかりでした。表現なども一昔前の用語が頻繁に使われていて、仏教語の言葉の一つひとつを理解することさえ容易なことではありません。辞典を引いても出てこない専門用語もあったりして、仏教というものはなんとむつかしいものかと往生したものです。私には仏教はむつかしい、という印象のみがまとわりつきました。けれどもキリスト教よりは根本的に迫ってくるものを感じたことも事実です。

ここで仏教書について述べておきますと、その当時と比較すればまさに格段のちがいで、最近はやさしい仏教書がでまわるようになりました。けれどもそれはごくごく最近のことで、二十年前くらいまではそうではありませんでした。とくに法華経に関する書物はどれもこれもむつかしいものがおおいように思えてなりません。小生がそのとき（高校卒業の時）から勘定して十五年後に正立寺の住職になったとき、『聖流』（のちに『サットバ』）という機関紙を出そうと考えたひとつの大きな理由は、仏教をもっとわかりやすくという考えがあったこともその一因としてあげることができます。

禅宗に心が傾く

さて高校生の私の目の前に仏教の門はひろがっていました。地平線さえ霞がかかって見とおすことのできない大海を前にした小舟が一艘、いよいよ着水しようとしていたわけです。その船出には行く目的さえはっきりしたものはなく、海図もなく航路さえあやふやそのものです。それもそのはず、仏教のおしえは難解であるばかりではなく、はいる門さえいくつにもわかれています。どの門をくぐればよいのか、途方にくれざるを得ない状況です。これでは着水どころか、どのような舟を用意すればいいかさえ、わからない。たしかに仏教がむつかしいというその理由のひとつは、仏教はいくつもの宗派にわかれているというところにあります。そのいくつもの門をくぐってゆこうとすれば、私はどこかの門——法華か、浄土門か、禅か、真言、それとも華厳とか法相とかを選択せねばなりません。その門さがしから、私の道は始まろうとしていたことになります。

私の家の宗教である浄土真宗の開祖親鸞聖人の著作は、倉田百三の小説『出家とその弟子』に刺激されて読みすすみました。『歎異抄』などは幾度も読んだ仏教書のひとつです。でもいつもちかくで見ている菩提寺の住職さんから浮かぶイメージは、なんとなく貴族的・高踏的でお大尽にみえ、宗祖である親鸞聖人とはずいぶん異なった印象を受けました。浄土真宗という宗旨は血統相続ということも聞かされていました。血統相続ということであれば、私のようなものならどこかの寺の養子にはいるといった方法でなければ成就しないではありませんか。それに第一、血統相続ということになれば、「はじめに浄土真宗あり」ということになりかねないではないか。親鸞聖人は偉大かもしれないが、その後を継いでいる人たちがそのようなながれのなかにあるとするならば、仏教を選択しようとして門前にたった私のようなものは、はなからはじきだされてしまいかねません。まず門さがしから始めようとしていた私にとって、もっとも近くにあった浄土真宗という宗派はあまりにも遠い存在でした。そのような宗教には近づかないほうがいいという直感のようなものが、そのときの私の全身にピリリとながれていきました。

いろいろ本を博捜した結果、私がもっとも惹きつけられたのは禅でした。仏教のなかでももっとも仏教らしい仏教、それが禅ではないかという印象をもったものです。私は週に一度、京都の某禅寺へ行き、座禅を組みはじめました。それにはその頃熱心に読んだ『正法眼蔵随聞記』とか、西田幾多郎博士の『善の研究』という書物の影響（西田博士もずいぶんと参禅なされたのです）もあったと思います。ことに『正法眼蔵随聞記』はいくどもいくども読みました。鈴木大拙博士の『禅とはなにか』など禅にかんする入門書も夢中で読んだ記憶があります。禅の道はたしかにそこから世界が広がってゆくような気がしたものです。私は禅のお坊さんになろうと心を決めかけていました。参禅していた禅寺の和尚さんにも、そのことを相談しなくてはなるまいと、心ときめかせていました。

ここがひとつの因縁だと思うのですが、高校三年の冬休みに、家で祖父の何回忌かの法事があったのです。その法事にお参りにやってきた大阪の叔父が熱心な法華経の信仰者でした。私の進路について話をしますと、お坊さんになるのなら法華のお坊さんになるのが一等だというのです。法華経こそはお釈迦さまの本当のおしえであり、法華経を説かんがためにお釈迦さまはこの世にお出ましになられたのだ、というようなことをこんこんと説いて聞かせました。叔父は、大阪のある寺の総代をしているとのことでした。「うちのお上人様はおえらいお上人やで」なんてことを言っていました。

仏教と申しましても、すこしくらいの仏教書を読んだ程度では、まったくちんぷんかんぷんです。心のうちでは禅宗のお坊さんになろうかと考えているのです。法華経も日蓮聖人も、当時の私にはまったく見知らぬ世界です。当時は今ほど仏教書もおおく出まわっていませんでした。とりあえず私は日蓮聖人について書かれた本を買ってきて読まねばならぬと考えました。立正大学の久保田正文博士のお書きになったものが本屋にありました。これが私と日蓮聖人の初めての出会いでした。日蓮聖人のその論理的なところ、理路整然としたところに私は惹かれた記憶があります。いろいろな宗教を比較したその結論として導きだされたものが法華経であるという日蓮聖人の考えかたは、私の求めているものにやや近いかなという印象をもったことは事実です。

でも日蓮宗というのは、なんとなく馴染めないものがありました。在家のものがわざわざお坊さんになるのであれば、お坊さんらしいお坊さんでなければならぬ、それは当時の私にとっては禅宗のお坊さんであったわけです。私の心はまだ禅を捨てきれずにいたということです。

ただお坊さんになろうしても、その橋わたしになる人は必要だと思っていました。京都の禅寺の和尚さんに相談すればいい、とそのときまでは考えており、すでに一応話だけはして打診していたのです。でも叔父との出会いがあってから、すこし様子をうかがってからという気持ちがはたらいていきました。

キリスト教のほうはこのときにはもうすっかりあきらめていました。このことは、高山先生にも告げました。先生は、

「どうして仏教なのかい。どうして古いものにこだわるのかい」

とおっしゃいました。仏教というものは古いかもしれないと、そのとき正直に思いました。しかし古いからいけないなどということはないだろうとも考えました。キリスト教のほうがよっぽど時代おくれのおしえではないか。たとえば人というものは神によって造られたものといった進化論に反したおしえは、当時の私には納得もできず、とても信じることのできないものでした。宗教というものは、もともと形のないものが対象としてありますから、いったん信じてしまえばどんどんそのなかに吸収されていくのではないか。そうであるなら、その「信」にいたる道程のようなものこそは、しっかり掌握しておかねばならないと考えたものです。

法事の席で、叔父は私に一冊の経典を渡しました。それは『法華経』（平楽寺版訓読）でした。『法華経』がどういうお経なのかさえわからぬままに、とりあえずはこの経典を読まねばならないと考えたことです。ところがこの経典を読みすすんでいくうちに私はすごく感激してしまい、涙がでてきて、うれしさがこみあげてきたのでした。このような経験は初めてのことでした。途中でやめることがどうしてもできず、夜どおし読みつづけました。仏教の経典として私が読んだ初めてのものであったということもあるでしょう。聖典といわれているもので、当時私が熱心に読んだものは聖書と法華経ですが、法華経にはぐんぐん惹きつけられてゆきました。これは後に

なって知ったことですが、宮沢賢治もまた法華経を読んで感動し、一晩中法華経に浸っていたということでした。

私はそのとき決意したのでした。法華経の道、日蓮聖人の道へすすんでゆくことを。叔父から聞かされていた、「えらいお上人様」ともお会いしたいと思ったことでした。ただその前に『日本仏教――人と思想』という本を求めました。その本には日本仏教の宗祖たちのおしえが、それぞれの教団を代表する学者先生によって書かれていました。偏りのないその本を読みすすんでいくと、日蓮聖人という人の偉大さが、すこしずつからだのなかへ浸透していくのをおぼえました。やがてそれから三カ月後、高校を卒業した私は「えらいお上人様」に会うべく、大阪行きの特急電車に乗ったのでした。

法華信仰への道

その偉いお上人様という人は大阪の飛田というところに住んでおられました。私は叔父に連れていってもらったのですが、はじめてその場所を見たときは、じつは拍子ぬけしてしまいました。お寺というものは木々に囲まれた敷地のなかに、広く大きなご本堂がでんと構えてあるもの、という印象しか私にはなかったのですが、その「妙天教会」という小じんまりした教会所は、ほとんど普通の家と変わることのない一戸建ちの家でした。その教会所のある場所もまた、飛田遊廓とは目と鼻の先の路地にありました。

飛田というところについては、そのときにはなんの知識もなかったのですが、一昔まえまでは遊廓のあったところです。遊廓の面影はその当時もまだ充分に感じとられる雰囲気を残していました。初めてその光景に接したときは「温泉地でもないのに、なんと大きな旅館ばかりが並んでいるところなのだろう」ということでした。あとで私は正立寺と縁ができたのですが、その正立寺の信徒さんの家がこの飛田遊廓のまっただ中にありました。信徒さんのお宅へ月参りをするとき、かならず遊廓のなかを通ってゆくのですが、その雰囲気は昔も今もそんなに変わってはいません。

これは後日談ですが、妙天教会へ通う間には、これらの遊廓から女の人がでてきて「お兄ちゃん」と色目をつかって私の手をひっぱるのです。なんだろうとは思って興味津々となかへ入ってゆこうという気も涌いたことは事実ですが、そこが何となくいかがわしいところではないのかということは雰囲気的にわかりますので、その女の人の手を振り切って教会へ通ったということもありました。その場所が何をするところかということはやがて理解しましたが、これから僧侶になろうというものが、そんなところへのこのこ入ってゆけるもんか、という意識をずっともっていました。聞けばこういう場所というものの発祥は案外お寺のお坊さんがかかわっていたということでしたが、そのときの私はただただそういう場所を「コワイトコロ」だと考え、一歩も足を踏みいれることなく過ぎました。

そういう場所にある「妙天教会」の主、えらいお上人様とは三村日進上人で、教会は京都の妙蓮寺を大本山にいただく本門法華宗に属していました。

「あちこちの寺から要請があって、来てほしい来てほしいと頼まれるのだが、古い伝統のある寺のなかへはいってしまうと本当の信仰、真実の信仰が失われてゆく畏れがあるからナ」

お上人様はそうおっしゃいました。それが何を意味しているのか、当時の私にはわかりません。おそらく長い歴史をほこるお寺というものには、それ相応の匂いというものが染みついているということなのでしょう。その匂いが真実の匂いを懐いている間はいいが、えてして俗の色に染められて、その悪弊を糺すことが容易でなくなっている、というようなことを意味していたにちがいありません。でもそういう力に屈服して、小さな教会所で頑張りつづけられるよりは、堂々とそういうところへ出てゆかれて、糺すべきものは糺してゆかれればいいのに、と私は多少批判的に上人を見ていました。

そんなことにはお構いなく、そのときから三村上人は毎日のように私に向かって法華経信仰、日蓮聖人の仏法の正しさについてこんこんと説きさとしてゆきました。これは私にはとってもありがたかったことです。法華信仰にはいったときに、こういう純粋で美しく、それでいて強力な信仰を持っている人と出会えたことは幸せだったと今でもそう感じています。お上人は話が好きで、夜の十一時、十二時になるということもありました。話がとにかく好きなのです。内容はといえば、法華経や日蓮聖人の話、ご自身の体験談、自分のこれまでの足跡などでした。話しかけるともう止まらないという状態で、いつも奥様が、「もうこんな時間ですよ」と横から合図されない限りほとんど止まることがないという状態でした。今ふりかえって考えてみますと、お上人は私という十九歳の出家を志す青年に――そのときでさえ私が禅を振り切れていないということはお上人に伝えていましたので――なんとかして法華経の真実、日蓮聖人の仏法の正しさをさとらせたい一心で頑張られたものでしょう。

法華信仰の土台

この教会にはお弟子さんがたくさんおられたということが大きな特徴としてあげられます。それも僧侶としての専門職ではなく、他に職業をもちながら信仰なされ、のみならず得度されているのです。そういう人たちは正式に本山や宗務院にも届けられており、もちろん僧階もお持ちです。れっきとしたご僧侶がたであり、お弟子さんなのです。ご法要のときには法衣を着けられてお上人といっしょにお経を読まれますし、葬式なんかができたときもお上人のお伴をなされます。鉢や銅鑼《どら》も打たれます。しかもそれでいて社会人として普通の仕事もなされているのです。

そういう光景のなかに、私は法華信仰というものの一面を次第にさとっていきました。禅宗のように僧侶だからといって特別な修行をし、また在家の人より上にあるというのではなく、僧侶も在家も変わらぬところで、ともどもお経をあげ、ともども信仰させていただく世界。しかも寺に住むことは反って真実の信仰から遠ざかるといって、六畳一間の狭い教会所で自分の信仰を守っておられるお上人の一途な姿。それらには感動しないではおられませんでした。三村上人が偉大な人物かどうか、そのときは判断しかねましたが、すくなくとも偉大な人というのは表にでることなく、社会の裏でこつこつと陰徳を積まれるものだと、深い感銘を覚えたものです。ふと日蓮聖人のご生涯について思いを馳せました。聖人の生涯は難また難の人生で、身体のやすまるときは片時としてなかった。苦難の連続、死との隣り合わせ、それが聖人の生涯です。もし聖人に御遺文が遺されていなかったとしたら、日蓮聖人という人の苦労は、ただの苦労人として、歴史にその名を留めることなく終わったにちがいありません。克明につづられた膨大な御遺文こそは、そしてそれを後代に遺そうとした信徒の熱心な信仰こそは、そこにおおきな意味をもつことになったわけです。信仰というものも、そこにひとつの形式が土台をつくるとき、おおきな力になるということでしょうか。今も私たちが日蓮聖人の御遺文に接するとき、時空を超えた宗教的世界に浸ることができるのは、日蓮聖人という人が真っ正直に生ききられた結果以外の何ものでもないと、つくづく考えるのです。

これはしばらく後のことになりますが、私がやがて得度したとき、ともかくもどこか寺へはいりたいと申し出ました。妙天教会は狭くて弟子一人が長く住みつけるところではありませんでしたから。

狭い教会ではありましたけれど、ここへは毎日のようにお参りの人が詰めかけてきました。月のうちで決められた日にはお講もあり、そんな時はおおぜいな人たちがお参りにやってきました。お参りにやってきた人すべてが、お上人にあわせてお経をあげ、お題目を唱えます。当時にあっても私は本はずっと読んでいましたが、新興宗教について書かれた本を読んだとき、ここ妙天教会での体験は、そうした本——たとえば佐木秋夫氏その他編による『教祖』などという本に書かれてあることと寸分たりとも変わらないということを知りました。妙天教会はもうまったく新興宗教そのものの姿と思いました。そして仏教というもののおしえはこうした場所でこそ根を張ってゆくのではないのか、禅宗のような孤高としたところにあってはならないのではないか、というようなことをぼちぼち感じとっていきました。

三村上人によって、私は仏教というものはけっして出家者だけのものではなく、この世に生きるすべての人のものでなければならない、という法華経の根本思想をこんこんとさとらされたのでした。この妙天教会ではそればかりではなく、お上人のご祈祷が毎日のようにありました。病気で困っている人、精神病のような得体の知れない病魔にとりつかれている人、夫婦仲がよくなくって困っている人、夫がギャンブルに凝って借金まみれで困っているという若い妻君。どこの病院へいっても神経痛がなおらず、この教会をたよってやってくる医者の妻。そういう人々の群れを相手にお上人はご祈祷をなされるのです。するとそれぞれ困っていることがらの一つひとつが不思議にも徐々に快方に向かうのです。小児麻痺の子供を連れて毎日のようにやってくる母親は、お上人のご祈祷を受けると、もうずいぶん喜んで、次の日にもかならずやってきました。小児麻痺の子供が治癒することはありえませんが、上人のご祈祷を受けるという信仰体験で、心が晴れてゆかれたのでありましょう。上人のご祈祷はそれは真剣で、いつも「死んでもいい覚悟でやっている」とおっしゃっていた言葉通りの、それは凄味を帯びたものでした。

日蓮聖人に心が向く

日蓮聖人の出発点は、おおくの経典のなかではどのお経が真実の仏のおしえであるのか、というところにありました。お釈迦様はおおくのお経を説かれているが、そんなにおおくのお経が説かれたなかにも心のうちを吐露されたおしえ、中心となるおしえがあるはずであろう、それはなにか、というところにあったと思います。結論的にはそれは『法華経』でした。お釈迦様は『法華経』を説かんがためにこの世にお出ましになられたというのです。こういうことを三村上人によって聞かされると、もう私は日蓮党にならざるを得ません。他の宗祖がたの存在が小さく見えてしかたありません。仏教という大河を大胆に分別し、真偽を明からさまにするという理論的な方法と、その結論を得るや、身をひるがえして世の虚偽、仏教の不誠実と戦うというつよい姿勢。そのあまりの戦闘的なすがたに、理論的なうらづけのあるという、どこまでも真実のために生ききろうとなされた日蓮聖人の偉大なすがたが、三村上人をとおして、はっきりと見えてきたのでありました。

日蓮聖人という人の偉大さは、こうして三村上人によって次第に鮮明になってまいりましたが、その当時読んだ内村鑑三著『代表的日本人』は決定的に私をして日蓮の徒にしていったということを、ここでつけくわえておかなければなりません。キリスト者内村が親鸞聖人でもなく道元禅師でもなく、また弘法大師や伝教大師や法然上人でなく、日蓮聖人を代表的日本人、というよりは日本を代表する宗教家として取りあげたのは、日蓮聖人以外の真の宗教家は日本に存在しなかったということではなかったのか。その戦闘的な宗教的情熱をたぎらせて「法華経の行者」として一生を送った日蓮聖人の伝記を読みすすんでゆくうちには、私のすすむべき道はここにこそあるのではないかと、自分にいってきかせるようになりました。

妙天教会で、いつしかおおくのご信者がたといっしょになって私もまたお経を唱え、お題目をあげるようになりました。仏教とはなにかといった疑問の前に、実践するものとしての法華経信仰の実態を見せつけられますと、それがどういうものなのか、まだはっきりとつかんだわけでもないのに、どんどんそのなかへ入っていったという感じです。その、みんなして読経するという世界は、当時の私には異様なものとして映ったものですが、日をおうごとに不思議にそのなかへ打ち解けてゆくことができるのです。宗教の世界というものは、それまでは個としての自分というものと切り離しては考えられないものではないかと、私は受け止めていたのですが、そうではないもっと広々としたもっと宇宙的な広大な世界として、小さな自分をはるかに飛び越えたところに、たしかに存在するものなのではないのかという実感として、徐々に私の心のなかにわいてまいったというところです。

禅寺での体験とはまったく違うものが、ここでは感得できました。座禅もずっと組んでいますと、自らひとつの世界が現出してまいります。座禅を組んでいるのは本当に自分であるか、それとも自分以外のものが組んでいるのではないかとか、このまま組んでいればどこか遠くへ行ってしまうのではないのかとか、いろいろ考えるものです。妙天教会でご信者のみなさんといっしょにお題目を唱えていますと、ちょうど座禅を組んでいるのと同様な感じを抱くこともあるのですが、それはもう参禅経験とはまったく異なるものでした。座禅というのはどこまでも自分対自分です。自分を克服するものです。ところがその自分が克服できても、次なる自分というものの存在が出てまいります。自分の克服なんていいますが、そんなものは永遠に不可能なものではないでしょうか。あるいはそういうふうにして自分というものは永遠に未完成なものだということをよく覚ってゆくこと、それが座禅というものなのかもしれませんが。

お題目を一心に唱えると、どこからか力がわいてまいります。初めは恥ずかしいものですから小さな声しか出ませんが、横に座っている人も前の人も、もちろん後の人もみんなみんな大きな声でお題目を一心に唱えています。次第にそれらの声に引き込まれてゆくように、私もまたそれらの人の声に負けぬほど大きな声をだしていました。信仰というもの、信仰世界というものはこういうものだということを、私は身体全体で受け止めてゆくようになりました。それはひとりの世界ではなくみんなの世界、みんながよくならなければ自分もよくならないということ、自分だけが良くなっても仕方のないことだ、というようなことを覚らされていったわけです。

ここにこそ日蓮聖人の仏法というものはあるのだろう、と感じました。それまで仏教といえばただ難しいものだと受けとめていたのですが、ここでは理屈はどうであれ、ともかく動いているのです。生きづいているといったほうがいいかもしれません。私の仏教観は根底から覆されてしまったということかもしれません。でも逆にそうなればこそ、本当に日蓮聖人の仏教は正しいのだろうかという疑問もまた完全に払拭されず私についてまわりました。仏教とはいったいなんなのか、という疑問は私の心の奥にはまだわだかまっていたのです。のちに大学へ行きたいと考えるようになったのは、こうした疑問を持つようになったからではなかったかと、今にして思われます。

つまりこうした宗教的世界には大きな危険をはらんでいるということです。このときよりずっと後になって社会をさわがせ、のみならず殺人事件まで起こすことになった、かのオウム真理教などは、まさしくその危険な宗教の一面をさらけだしたものにほかなりません。同じお経、同じ姿、同じ調子、同じおしえのなかで、ひとつの集団が一気にひとつの世界のなかへ溶けこんでいけば、自分という個はもののみごとに抹消されていきます。その溶解の世界におれば安心があります。その安心がどのように社会と結ばれているかといった点は、そこでは問題外のことです。というよりここは普通の社会、普通の常識のとおらない社会なのです。一般の社会では認められないことが、そこではまかりとおっていきます。このような宗教のこわさは、オウム真理教によってはっきりしたわけですが、たしかに妙天教会で一所懸命に唱題していますと、自分というものが完全になくなっていくことが実感されました。だから私は「信」への道程がどれほど大切なことかを自分に言ってきかせたことでした。同時にそうした私と同じような疑問のなかから

『法華経』を選択された日蓮聖人の宗教に、いよいよ心を向けていきました。

書写行の実践

お上人に連れられて能勢の妙見さんの滝へ行ったこともしばしばありました。滝での修行はたしかに信仰というものが身体全体で覚えられてゆくものです。寒中の滝はそれは冷たいというよりも「いたい」という感覚ですが、滝に打たれたあとの喜びは、これこそが法悦というものなのかと思われるほどの充実感の漂うものでした。肌からたちのぼる湯気を見ながら、私もやがて出家したいとお上人に申しでたことでした。

当時の私のやったことで思いだされるのは、書写行です。はじめは『広辞苑』に載っている仏教語を一つひとつと拾ってノートに書き留めてゆきました。大学ノート三冊ぐらいが埋まったあとは、今度は日蓮聖人の著書『立正安国論』『開目抄』『観心本尊抄』の三大部を書写しました。なにが書かれてあるのかその内容はチンプンカンプンですが、三村上人にお聞きしたことなどと重ねあわせてゆきますと、日蓮聖人の宗教観のようなものが徐々に私の心のなかへ入ってまいりました。日蓮という人はともかくも行動的な人物だという感想が、当時の私の偽らざる日蓮観です。

私はどちらかといえば行動的ではありません。子供のときから小説ばかり読んでいましたし、宗教というものはもっと静かなものだという考えは、当時も今もそれほど変化していません。

「我れ、日本の柱とならん、日本の眼目とならん、日本の大船とならん」などという、ちょっと誇大妄想風な思想には実際のところイヤ味をおぼえたものです。この考えかたは多少現代の自分にも残っているようで、私はなかなか本当の日蓮党にはなれないようです。これは困ったものだと思っています。

ここまで言いましたので、ついでにこの辺りのことを申しておきますと、後で私は大学へ行くことになりますが、大学の卒業論文では西田哲学を、また大学院での修士論文では明恵上人をとりあげました。ともに日蓮聖人とは関係のない人物ですが、案外私の気持ちのなかには、そういう人々の影響が深くこだわっているような気がしています。私がいつまで経っても宗門人になれない事情の根本的なものは、こういうところに存しているのかもしれません。

さてそういうことで、私はすっかり日蓮聖人の仏教に惚れこんだわけではありませんでしたが、それは私の深い因縁というよりほかないもののようでした。三村上人はよく「因縁」という言葉を使われました。人間というものはどのような人でも過去世というものを持っていて、その長い過去世の時代を通って今世という現実の世界に生きているというわけです。

日蓮聖人の御遺文には次のような文章がでてきます。

法華経の法門を一文一句なりとも人にかたらんは、過去の宿縁ふかしとおぼすめすべし。

（椎地四郎殿御書）

法華の持者を禁獄する人、何ぞ現身に悪瘡を感ぜざらんや。

（同一鹹味御書）

この国土は十方の浄土にすてはてられて候。十悪・五逆・誹謗賢聖父母・不敬沙門等の科の衆生が、三悪道に堕て、無量劫を経て、還て劫の世界に生て候しが、先生の悪業の習気失せずして、やゝもすれば十悪五逆を作り、賢聖をのり、父母に孝せず、沙門をば敬はず候也。

（四恩抄）

我一人此の国に生れて多くの人をして一生の業を造らしむることを嘆く。（四恩抄）

法華経を謗ぜん者をば、正像末の三時にわたりて無戒の者も破戒の者も共に供養すべからず。供養すれば必ず国に三災七難起り、必ず無間地獄に堕すべき也。（教機時国抄）

法華経の名を聞いてそしる罪は、阿弥陀仏・釈迦仏・薬師仏の恒河沙の仏を供養し、名号を唱えるにも過ぎたり。されば当世の念仏者の念仏を六万遍乃至十万遍申すなんど云へども、彼にては終に生死をはなるべからず。（題目弥陀名号勝劣事）

私は自分の志向というよりも自分自身の因縁というもののために出家しなければいけないのかも、と次第に考えるようになっていました。

回向坊主とはなにか

法華信仰というものは、お坊さんと在家がともに修行していくというおしえですから、得度しなければいけないという筋のものではありません。しかし私にしてみれば、故郷福知山を出てきたのは出家するためであったのですから、私としてはこのことが頭のなかを離れません。それがいつのことかは、もう忘れてしまいましたが、とにかく高校卒業の半年ほどの後に私はこの妙天教会で出家得度の式を挙げました。十九歳のときでした。このときは法類、縁者のお上人様がたとか、多くのご信者さんのほか、福知山の両親も来てくれました。しかし寺とはいっても、およそ寺らしくもない所なので両親はびっくりしたことでしょう。でも信仰というものは場所の大きさ、狭さを云々するものではありません。どれだけ真実がそこにあるか、ということのほうがもっと大切です。世の人々は案外と外面だけでものごとを判断しがちですが、これはおおいに考えねばならないところではないでしょうか。

得度しますと、もちろん大本山への入寺という儀式をおこなわなければなりません。妙天教会の属している大本山は京都の妙蓮寺でしたので、私はお上人と、主だったお弟子さん数人とともに京都へまいり、厳粛な式典をあげていただいたのでした。そのときお上人は私にひとつのおしえを垂れました。

「回向坊主になってはならない」

というものでした。このおしえは、このとき以来ずっと私の頭の中から消えさることがありません。

この回向坊主ということは、今日いわれている葬式坊主と似たところがあります。人が亡くなると、お坊さんは亡き人にお経をあげます。枕経、通夜、本葬・火葬場回向・骨上経・初七日から満中陰までの七日ごとの中陰逮夜と仏事はつづいていきます。これら仏事にお経をあげることによって、亡き人はあの世の生活になじんでいき、最終的には成仏するのです。この間の回向を欠いては人は成仏することができませんから、この間の坊主の仕事はきわめて大切なものです。私の師匠の三村上人は、これら亡き人にたむけるお経ばかりを読誦する回向坊主になってはならぬというのです。葬式中心に仏教を考えると、この三村上人の説教は成り立たないことになります。なぜなら今日のお坊さんの大半が回向坊主になっているからです。人はかならず死にます。死ねばお経が必要になります。亡き人を相手にした坊主の仕事がここに始まっていくと一般には考えられましょう。三村上人はそうであってはならぬというのです。葬式中心の仏教は堕落した仏教であるというのです。

三村上人の考えは、じつは仏教の正統的なながれを汲んだものです。宗派の別なく坊主はながい間、人の葬式にかかわってきましたが、そこにおいても葬式中心ではなく、葬式は結果的なものと受けとめられていました。まず仏教の信徒になることが前提です。その信徒が亡くなれば、当然葬式をしなければなりません。そこで坊主が葬式にかかわることになります。というより必然的に葬式の導師として、亡き人をあの世に確実に渡す義務が生じるということです。しかしどこまでも、葬式さきにありきではないということ、ここが大きなポイントです。ただ葬式の導師ばかりをする葬式坊主、言い換えれば回向坊主になってはいけない、と三村上人は坊主になりたての十九歳の私にそのように説教するのです。

三村上人は私が得度すれば、しっかりした寺へ入って修行しなければなるまい、と言われました。その寺は「本覚寺」といいました。そのご住職は大本山妙蓮寺のご貫首にもなられた高僧で、今どき珍しいほどの信心ぶかいお坊様だということでした。すでに話はつけてあり、一度ご挨拶に行こうということになりました。ところが、まったく突然にそのご住職が遷化なされたのです。未だそんなお年ではなかったと思うのですが、人の命というものはまったくわからないものです。これで私は急に行くべきところがなくなってしまったわけです。

後日談ですが、平成三年だったと思いますが、その頃、あるところで法華経の連続講義がひらかれていて、私は二年ほど聴聞に行きました。その講筵にいつも熱心に聴聞に来られている福原様というお坊様がいらっしゃいました。この福原様は、私が行くことになっていた本覚寺のご住職のお孫さんということでした。それのみならず、私はこのあと東淀川区にある大沢寺《だいたくじ》という寺で数カ月暮らすことになるのですが、福原様は今その大沢寺のご住職をなされているとのことでした。ついつい因縁のようなものを感じたことでした。

大沢寺の随身となる

私は頭を剃って出家の身とはなりましたものの、それはまったくの形式だけのことで、実際のところ私は行き場を失ってしまったわけです。妙天教会はとにかく狭くて寝泊まりする余裕もなく、修行するという状態ではありません。そのため叔父の仕事を手伝ったりしました。進物業というのは大阪府下の市役所を回ってゆくところから始まります。市役所や区役所には死亡届が保存されています。それを閲覧して住所・姓名などを控えていきます。営業マンがそれを頼りに故人の家庭を訪問し、満中陰の香典返しの品の注文をとるわけです。私の仕事は死亡届の閲覧をノートに写していくことでした。毎日のようにバイクで大阪府下全市町村をまわったものです。その仕事をしながら三村上人に信仰の道をいろいろご教示いただきました。バイクで移動しながら、私はお経をおぼえていきました。

そういう生活がつづいてゆくうちには、福知山へ帰って家業を手伝ったりもしました。お米の配達なんかしながら考えたことは、やはり自分は商売には向いていないということでした。信仰世界というものが自分には切ることのできないものになっているということがわかってきたのです。もちろん家には仏壇もありますので、私は毎日夜になると「おつとめ」をしていましたが、なんとなくものたりなく、このままではいけないと思うようになりました。三村上人のおしえを受けるためとはいえ、大阪と福知山の間をそう頻繁に往復することもできません。

こころ煩悶する日々がつづいてゆくうちに、私は久保田正文博士のことを思いうかべました。高校生のとき、日蓮聖人について書かれた本を読んでいて、いわばこの人は私に日蓮聖人の偉大さをはじめて知らしめた人ですから、一度この人を訪ねてみようと思ったわけです。実際に私は東京の仙寿院《せんじゅいん》に参りまして、先生にいろいろと心のうちを聞いていただきました。そのまま東京に居ついてしまうような雰囲気になったことも事実ですが、出家というものは師匠を大切にしなければいけないというもっとも肝心なところで久保田先生に屈してしまい、私はふたたび大阪の三村上人のもとに帰されたのでした。

三村上人は今度は私の身を真剣に考えてくれたようです。

「それほどまでに寺に入りたければ」

と言われて、上人は大阪東淀川区にある「大沢寺」へ送りこみました。その住職岩本日要というお上人の随身というかたちで、私は寺の仕事に従事してゆくことになったわけです。三村上人が岩本上人のところでは、と二の足を踏まれたのは、岩本上人はいわゆる回向坊主さんでしたから、そういう寺へは送り込みたくなかったのでしょう。私は大沢寺では掃除と回向参りのほかは、本ばかり読んでいました。それほど忙しい寺でもなかったので、机に座る時間は充分にあったわけです。岩本上人はそういう私に対してはいい顔をしませんでしたけれど。

私の生き方

私は子供のときから清く正しく生きてゆきたいと思っていました。どうしてそのように思うようになったのかは、自分でもよくわかりませんが、これはけっして特殊なことではないと思います。子供のときというのはどなたも純粋無垢なものです。大人の汚さの一つひとつが、社会の悪の一つひとつが我慢ならぬという経験をもつのは子供の特権でしょう。商売がきらいで本の世界に浸っておれば、いよいよ正義感だけが先行するようになったということでしょうか。私の場合はごく自然にそういうことになり、ある程度大人になるまでその心が持続していたということだと思います。人との付き合い、あるいは日常体験を通して一つひとつ己のものとして獲得してゆくのではなく、仕入れ先が本の世界であってみれば、いたしかたなくそういう結果を招いていったのかもしれません。

純粋に生きるということや、人に憐れを感ずるということなどは、信仰とはかならずしも結びつくものではありません。むしろ寺の住職ともなれば寺の経営をじょうずにやってゆく人のほうがいいわけです。商売じょうずな人は寺の経営もうまくやってゆくにちがいありません。私はそういうことが嫌いで坊主になりました。できるだけ金に頓着しないでゆきたく思ったわけです。それで出家ということに心とらわれたわけです。でも現実はなかなかそうもまいらぬようです。

ついでに申しておきますと、本来お寺というものはどこまでも純粋さを保ってゆかねばならない場所でなければならないと思います。でもそれに相反するものとして寺の経営ということもまた住職としての大事な仕事です。これをおろそかにしてはいけません。住職は金を触るのがイヤだといっても、否応なく今は税務調査というものがあります。金銭感覚がないとバカを見なければならないのは住職です。まったくイヤな世の中になってきました。純粋さを保ちつつ金もきっちりと管理しなければならないという、寺のありかたについての今はひとつの過渡期にさしかかっているのかもしれません。従来どおりのやりかたをただ踏襲しておればいいというときではだんだんなくなってきています。

さて子供のときの純粋さを求める心を、どういうわけか、私はずっと後まで持ちつづけました。世の中の不正を糺してゆこうとするとき、それは具体的には政治力がもっとものをいうかもしれません。出家などというのは一種の逃避と申せましょう。私が純粋さを求めて出家したということは、結局は逃避したのです。すくなくとも信仰に入った頃の心はそういう狭いところをうろうろ徘徊していましたし、今にいたっても、その心は拭われたとは思えません。

法華経の信仰は逃避であってはならぬものです。折伏という言葉がありますように、正義をどこまでも弘めてゆくおしえです。でもどうも私にはそこのところがもひとつできかねず、困ったことだと感じています。今の時点の私の信仰について考えてみますと、そういう心の弱さも含めてですが、罪障ということ、自分の過去世に犯してきた数々の罪の深さというものに思い至ります。毎日のようにお檀家の家々を回ってお経をあげるのですが、これもまた罪障のしからしめているものかもと受け止めています。

寝屋川正立寺へ

私は東淀川区の大沢寺には約一年ほどお世話になりました。一年ほど経ったときのある法要に、寝屋川正立寺《しょうりゅうじ》の川口日宣《かわぐちにっせん》上人が大沢寺に来られました。岩本上人は日宣上人の奥さまの妙《みょう》華《げ》法尼と同郷ということで、古くからの知り合いで、宗旨は異なるけれども互いに交際をつづけられていたようです。そんな関係で日宣上人はちょくちょく大沢寺の法要に参列されていました。そうしたとき私のことが話題にのぼったのでありましょう。正立寺には後継ぎがなく困っているが、大沢寺さんには若い子が入ってきて結構なことですナ、というような話になったわけです。岩本上人がこの子は自分の弟子ではなくて預かっているだけだということを聞かれた日宣上人は、急に私というものに注目しはじめました。法要が終わって正立寺に帰られると、奥さまの妙華法尼と私のことを相談されたようです。その結果、私に打診されてきました。よければ正立寺へこないかという日宣上人の要請を、私は岩本上人から聞きました。昭和三十八年の正月を過ぎた頃でした。

「あの寺にはすごい尼さんがいて大変だろうが」

岩本上人はそんなふうに言って、私を正立寺へ橋渡ししてくれました。すごい尼さんとは妙華法尼のことで、若いときから修行をたっぷり積まれていて、大きな法力をもたれていた法尼様には、このあと正立寺でずいぶんと苦労させられることになります。でもそのときはそう深く考えることはいたしませんでした。江戸時代から四百年ちかくつづいているれっきとした寺に、弟子として入寺するきっかけができたことを、私は喜んでいました。

私が正立寺へ行くということについては問題がなかったわけではありません。私はその時点では三村上人の弟子です。正立寺は妙天教会とは派の異なる宗派です。三村上人にすれば、自分の弟子を他人に渡すのみならず、宗派さえ異なる寺院へ渡すのですから、すんなりとはゆかないというほうが当たっています。お坊さんにかぎらず、人というものは一般に自分に不利益なことには手をだしません。三村上人はおそらく猛反対なされるであろうと思っていたのです。ところが三村上人はなんの異存もなく、「そのほうが君のためになるだろう」とおっしゃってくださいました。偉大な人は自分の欲にからんだ決断はなさらないものと、あらためて三村上人に深く感謝いたしました。なおその後三村上人には正立寺に来ていただいたこともありますし、ご遷化なされるまで、お付き合いさせていただきました。妙天教会は今は妙天寺と名を変えていますが、現在、その後嗣のお上人様ともお付き合いさせていただいています。

　そういうことで私は急遽寝屋川の正立寺へやってくることになりました。岩本上人が同道してくださいました。昭和三十八年三月十二日、渡し舟に乗ったことが強烈に憶いだされます。橋がまだ架けられていなかった当時、淀川をはさんでの往来は「渡し」でした。それが鳥飼《とりかい》の渡し（鳥飼と仁和寺を結んだ渡し）だったか、宮ノ下渡し（大庭《おおば》大切《たいせつ》と一津屋《ひとつや》を結んだ渡し）だったか、あるいは平太の渡し（豊里《とよさと》と今市《いまいち》を結んだ渡し）だったかはわかりませんが、ともかくその渡しを利用して淀川をわたりました。大人や子どもで舟は満杯。なかには自転車ともども乗っていた人もいました。私は道服（墨染めの改良服）に身を包んでいました。岸に着くとそこからタクシーで正立寺までやってきました。雨のしょぼ降る日でありました。見知らぬ寺へこれから行こうとしていることに、一抹の不安はありましたが、それよりも弾む心のほうが上まわっていました。その日より今日にいたるまで五十数年間、私はこの寺のなかで生活することになります。その時より約十年後に住職を拝命し、庫裡・本堂・鐘楼堂を新たに改築し寺観を一新しました。この間、僧侶のみなさまから「正立寺さん、正立寺さん」と呼ばれるたびに、私はよくよくこの寺と因縁が深かったのだと、つくづく思います。

正立寺においては、ご住職川口日宣上人がご老体に鞭うって法務を果たされていましたが、私の印象では日々からだが弱られていくようでした。この寺では、威勢のよさでは誰にも負けない妙華法尼との出会いが私に大きな影響を与えました。個性の強さ、その信仰の激しさにおいては、私は今までお会いしたお上人様がたのなかでも妙華法尼はその上位を占める人ではないかと思っています。女性なるがゆえのむつかしさも、これはないといえば嘘になってしまいますが、今振り返ってみますと、彼女の一途な信仰心は強く私に影響をおよぼしました。

日宣上人のご遷化

正立寺に参りましてから、私は興隆学林《こうりゅうがくりん》に通学することになり、初めて『法華経』とか日蓮聖人のおしえを本格的に学んでゆくことになりました。興隆学林は法華宗の開基日隆聖人が享徳三年（一四五四）ひらかれた勧学院がもとで、ずっと大本山本興寺内に置かれていましたが、当時は事情があって枚方市大隆寺に置かれていました。大隆寺は、寝屋川市正立寺からはバイクで二十分ほどのところにあるので、これは私にとっては大変にありがたいことでした。

じつは妙天教会から正立寺へ移った動機の大きなポイントのひとつは、この興隆学林にありました。妙天教会の属している本門法華宗にはこういう組織がないのです。それで時々、大本山妙蓮寺でおこなわれた教学講習会などに出かけていたものです。そこでは専門用語が飛び交いますので、私はただポカンと口をあけているだけでした。法華宗には興隆学林のような組織があり、初歩から仏教を学ぶことができ、私には大変にありがたかったわけです。

さらに日宣上人・妙華法尼のおふたりは、私が勉強がしたいというと、大学へも行かせてくれました。その頃には日宣上人はすっかり弱られて、回向参りにもでてゆくことができず、そのぶん私は寺の仕事が大変に忙しくなっていました。妙華法尼も回向に回っていましたが、ある限られた信徒のお宅へお参りするばかりです。でもこのおふたりの老夫婦は、大学へ行きたければ夜学でもよければ、といってくれたのでした。私は関西大学の入学試験を受けてみました。当時夜学のある大学はここしかなかったのです。高校を卒業して数年経っていて、この間、受験のための勉強をしていませんから合格できるかどうか心配したのですが、都合よく合格できました。私はしばらくは昼は寺の仕事と興隆学林へ、夜は関大へという、かなりしんどい日々を送ってゆくことになります。それにしても、このおふたりには感謝しても感謝しても足りません。よくぞ私を大学へまで行かせてくれたものです。

正立寺ではいろいろなことがありました。日宣上人は私が正立寺へやってきた翌々年、七十七歳でご遷化になられたのですが、その昭和四十年十二月二日という日、私は関大で岡見先生の『愚管抄』の講義を聴いていました。夜の七時頃だったでしょうか。講義の途中で胸騒ぎがしてたまらなくなったのです。胸がどきどきし、じっとしておることができません。どうしてこんなことが起きるのか、さっぱりわからない状態のまま、私の頭に日宣上人のお姿がぽっかり浮かびました。講義の途中で教室をでると、そのまま帰路につきました。五十ccのバイクで通学していたのですが、猛スピードで約三十分間、スロットルを回しつづけました。寺に着くと寺内は異様な雰囲気に包まれています。檀家の人たちが大勢詰めかけ、境内は人だかりができています。私は咄嗟にすべてを理解しました。

「恵隆さん、恵隆さんじゃないか。お上人が、お上人が」

とある檀家のかたが大きな声で私の側へ寄ってこられました。すぐに部屋にあがると、臥せておられる上人の傍らに歩を進めました。奥さんの妙華法尼はじめ檀家の主だった人が、お上人の床を囲んでおられました。医者もいました。

「よう帰ってきましたな」と檀家のひとりが言います。上人は虫の息ながら命の火をしっかり燃やしつづけていました。側にいき「お上人さま」と声をかけますと、閉じられていた目を急にあけ、私を見つめられました。何か一言二言、上人の口からことばにもならない言葉がでてきました。耳をお上人の口もとに近づけましたが、どうしても聞き取ることができません。かすかながら「正立寺」ということばが聞きとれました。「正立寺をたのむ」といったような内容ではなかったかと、今にして思います。しばらくの間、上人はそのまま私をじっと見つめていましたが、やがて静かに目を閉じられ、そのままご遷化なされたのでした。

「恵隆さんの帰られるのを待っておられたんや」

檀家のひとりがそう言って私の肩を抱いてくれたのが昨日のことのようです。

『日本の革命思想』

正立寺はその後十年間、妙華法尼が住職の任務についてくだされ、私は大学卒業後、大学院にすすみ、勉強をつづけていきました。「仏教とは何か」「法華経とは何か」「日蓮聖人とは」といったテーマを追いかけていくと、夜は〇時をまわることもしばしばでした。現代の世にはたして仏教は必要なのかといったことを考えたり、明恵上人について考えたりしました。院ではちょうどその年に京都大学を退官された柴田実先生が教授として関大の大学院で教鞭をとられることになり、その専門である神道にかんする講義がすばらしく、聴講にきておられた上田さち子さん(のち大阪府立大学教授)とふたりきりで講筵に連なり、『類聚神祇本源』などを読みすすみました。上田さんが勧めてくれた大阪歴史学会の例会にも時々顔をだしたりして、研究者たちと熱心な議論をかわしたことも懐かしく想い出されます。上田さんはそのとき古文書購読の会にはいるよう勧めてくれたのですが、多忙をきわめていた私はそれを断りました。今から考えると惜しいことをしたものだと思います。

そんな時、横田健一先生から声がかかりました。日本歴史上の人物伝が芳賀書店からシリーズで『日本の革命思想』と銘打って出版される計画があり、古代・中世編には行基・平将門・藤原純友・日蓮・織田信長・千利休など七人の人物が収録されるということで、そのうちの「日蓮」の項を私に書け、とおっしゃってくださったのです。先生は、私が法華宗の坊主であることを承知されているので、中世を代表する僧侶のなかから日蓮を選択し、それを私に書かせようと声をかけてくださったわけです。当時の私は日蓮聖人についてはそれほど深く勉強していたわけではありませんが、せっかくのお声がけをありがたいことと受けとめ、にわかに日蓮聖人遺文をせっせと読みはじめたものです。原稿を埋めながら考えたことは、日蓮聖人ははたして革命思想家であるだろうか、ということでした。家永三郎氏などの研究者たちによって、当時すでに学界では日本歴史にとっての仏教の革命家は法然上人というのが一般のながれとして受けとめられていました。ところが一般の人たちの裾野に降り立つと、むしろ革命家は日蓮聖人のほうだという見解をもつ人がおおいわけです。これは不思議な現象です。私はこれを機に革命家としてではない日蓮聖人の真実の姿を描こうとこころみました。それは、これまで日蓮聖人について書かれたものはたくさんあるが、法華宗の開基である日隆聖人についてはまったく触れられていないということでした。宗門からだされるパンフレットには日隆聖人について書かれたものがたくさんあるのに、一般にはほとんど知られていない人物です。日隆聖人が『法華経』や日蓮聖人について書かれたものは三千余帖といわれているほどで、大変な論客だったわけです。日隆聖人の仕事は、それこそ日蓮聖人の宗教の真実はどこにあるのかを、御遺文を中心にして論証されたわけです。それは日蓮聖人の滅後、おしえが乱れてきて何が真実の日蓮聖人の仏教なのかがあやふやになっていたのを元に糺そうとされたのでした。ところが同時代の日親上人は鍋かむりで有名で、教科書などにも載っているのですが、日隆聖人はどの教科書にも載っていません。そこで私はこの上人について、右の著述のなかに挿入しました。それは法華経精神を三十一文字にまとめた「なかなかになお里近くなりにけり　あまりに山の奥をたずねて」という歌です。日隆聖人のこの歌（日隆聖人の作でないという説もありますが）を世にアピールしたのは、宗門いがいからだされた本のなかでは、おそらく『日本の革命思想』が最初のことではなかったかと自負しています。後にはこの歌や日隆聖人の伝記等は、田村芳朗先生の著作のなかに取り入れられたりしますが、それでも今もって日隆聖人という人の存在は一部の人にしか知られていません。

ともかくその『日本の革命思想』は昭和四十五年四月に上梓されました。おどろくべきことに、さっそく某宗教教団から声がかかり、その教団が出版している雑誌への原稿依頼などが舞い込んできました。それで二度三度原稿を書きましたが、かんじんの法華宗のほうからは誰も声をかけてくれませんでした。のみならずむしろ敬遠されてゆくような気配を感じたことです。それがどうしてなのか、今もって私にはその真相はわかりません。ただ私は当時は日蓮聖人よりは明恵上人に心ひかされ、大学院でのテーマも明恵上人を選択しました。この純粋なお坊さんには心ひかれ、上人の生まれ故郷の和歌山・湯浅まで行ったりしたこともあります。

葬儀会館との縁

昭和四十九年五月二十七日、私は正立寺住職に就任しました。当時の檀家は三十一軒、信徒が三十軒でした。よくこれだけの規模で寺が運営されてきたものと感心しないわけにはゆきません（正立寺には昭和二十年まで十町ほどの田畑があったのです）。翌年には役所に奉職している静子と結婚したのですが、経済的な潤いのほとんどない寺に彼女はよくきてくれたものと、これまた感心せずにはおられません。寺というものは不思議なもので、貧乏このうえない寺でも、どうにかこうにか食べていくことができていたもののようです。寺の檀家が少なくてもやっていけていたのは、妙華法尼の力が大きかったことです。彼女は感応があり、いろいろ悩みおおき人たちに祈祷をしていました。月三回ほどの祈祷日には大勢の人々がお参りにきました。それらのなかから信徒になり、さらに正立寺檀徒となっていった人もおられます。しかし妙華法尼が引退されますと、潮が引いたようにそれらの人たちは寺から離れてゆきました。

『日本の革命思想』が上梓された頃、横田先生から研究者として大学に残るように言われていたのですが、そのとき妙華法尼がわざわざ吹田の大学まで出向き、横田先生に直接に談判し、私の研究者としての道を断りにいっていましたので、いまさらどうすることもできない状況下におかれています。妙華法尼としては、純粋なお坊さんになることを私に期待していたから、そのような行動をとったにちがいありません。妙華法尼と三村日進上人には、どこかに連なるものがあると、そのとき、感じたものです。その当時、横田先生が某高校へ講師として赴任しないかと声をかけてくだされもしました。これも大学に合格したとき、教職過程は取得することなかれという釘を妙華法尼から一本さされていましたので、大学では教職課程の単位をとりませんでした。

住職に就任してから三年後の昭和五十二年、寺のすぐ近くに葬儀会館ができました。法華宗の人が亡くなったとき、菩提寺が遠くて住職が来られないとき、会館は正立寺に葬式を依頼してくるようになりました。当時、葬儀社は寝屋川市には一軒もなかった時代で、この葬儀会館はずいぶん流行りました。葬儀社は次々と葬式をわが正立寺に依頼してきました。いきおい、わが拙寺も急に忙しくなってきました。人口増加にともない葬儀の回数が増えていったためです。本など読む暇もなくなり、月に三～四度、おおいときは六回も七回も葬儀にかりだされるようになりました。当時はまだ仏教は「葬式仏教」と蔑視されるまでにはなっていませんでしたが、これはいま考えるとまさしく葬式仏教です。葬式参りばかりしていますと、寺にはいってくるお金は、それまでに考えることのできないほどの額に達します。そうなると、仏教はたしかに経済活動といってもよい面をもつようになります。葬式は流れ作業で執行していかざるをえません。葬式が一日に二度三度もあるというときもありましたから、もうこれはからだの限界です。三村上人のやかましく言われていた葬式坊主・回向坊主とはまさしくこのような形態の坊主のことです。私はいつしかその深みにはまっていたことになります。

六十軒そこそこの檀家であった正立寺は、みるみる百軒、二百軒、三百軒という檀家をかかえる寺になっていました。こうなると自分ひとりではやっていくことができなくなり、お所化さんを雇い入れることも考えましたが、ここで私は決断することにしたのです。このようなことをしていては、真実の仏教が崩壊していくのではないかという危惧が頭のなかを回りはじめたからにほかなりません。仏教は葬式のためにあるのではなくて、まずはじめにおしえがあり、そのおしえを遵奉するものが死を迎えたとき、仏式でお葬式をだすという筋道。この本源にもどす必要があると考えるようになったとき、不思議なこともあるもので、この葬儀会館に私のよく見知った住職さんが時々顔をみせるようになっていました。法のうえの縁つづきになる人ですが、当初は私というものがおりながら、よくぞ私を払いのけようとするものだと、多少いやーな思いがしたものですが、私としてはこれを勝縁として、葬儀屋から手をひくことにしました。寺が経済活動の場という視点にたてば、その法縁のご住職は私の営業の邪魔をしたといってもよいわけです。しかし寺はけっして商売ではありません。まして経済的な活動の場として存在してはならない。そのように考える私は、現代風でなくて、時代に取りのこされていくような存在かもしれません。寺が生き残ろうとするときには、今や寺は経済的な視野をもたなければならないというのが、一般の住職さんたちの考えであるとすれば、たしかに私は無謀な道を選択したのかもしれません。

しかし、と私は考えます。寺がもしそのように葬儀会館と縁をもちつづけるとすれば、寺は完全に仏教ではなくなるはずではないか。さらには寺は葬儀屋の下請けのような存在になってしまう畏れさえでてくるのではないか。世間の人たちが仏教にたいして葬式仏教と蔑視する理由は、寺がどんどん経済的な面を重視するようになったからではないのか。ここは元にもどしていく必要があるはずではないか。住職さんたちがそのようなながれをよしとするから、世間の人たちも、今や仏教にたいしては葬式というイメージのなかでしか寺や仏教を見ようとしなくなっているのではないのか。このような考えにもとづいて私は葬儀社とは縁を切ったのですが、その後の社会をみてみますと、仏教の葬式中心化はますます進み、葬儀社中心の葬式が跋扈するようになりました。しかも今やその葬式からさえ、人々のこころは離れてゆこうとしているではないか。あたかも砂漠のような現代の日本の状況は、なんとしても打破してゆかねばならない。ここは仏教の本源に帰るべきときがきているのだと私は訴えたいですね。寺はかならず法が中心にならなければならない。ただ単に葬式といった儀式だけで終わらせてはなりません。これはなにもこと新しいことを言っているわけではありません。むしろそこにこそ仏教本来のただしい姿があるはずです。「葬式仏教」という名称は、その仏教の正当性が失われようとしているということにほかなりません。「仏教＝葬式」では、けっしてないということを、住職さんはじめ真実の仏教徒は、訴えつづけねばならないということです。

ここで思いだすのは横田健一先生のこと。先生は昭和四十四年七月に『日本古代の精神―神々の発展と没落―』という本を上梓なされ、私にも一本贈呈くださいました。その最後は次のような文章で締めくくられています。ここに引用させていただきます。

現在の仏教を見よ。現在の仏教は、極端な言い方をすれば、葬式仏教、法事仏教に成りおわっているという人がある。葬式や法事は、インドでシャカの創始した、仏教の本質をなすものではない。仏教の本質をなすものは、愛別離苦、煩悩執着のひきおこす人間煩悩の根柢、実相を観相、悟入し、無明をはなれ、解脱の世界に入ることであろう。それから、近親を失って悩む遺族、子孫の苦悩を捨離させる葬式や法事が意味をもつようになるわけである

う。

要するに日本人の仏教重視が、葬式や法事にあることは、日本人の祖先崇拝ないし共同体的宗教にある。日本仏教は祖先崇拝、共同体の宗教になっている。祖先崇拝は日本人の神道的宗教の基本である。とすれば、神道は仏教に敗れたようにみえながら、仏教の換骨奪胎に成功したことになる。

仏教伝来以後の神仏交渉の精神史的展開の大きな一面はここにある。神々は決して没落し去ったのではなかった。

横田先生ご指摘の、仏教の神道的体質、共同体的志向は、ますます強固な壁をつくりつつあるように思われてなりません。その中心をなすものが葬式にあることはいうまでもありません。これからの仏教は、この葬式仏教というところに視点をおきながらも、ここを脱却する方途を見出さねばならないのではないかと思うところです。

正立寺の寺観一新

私が葬儀会館に出入りしたのは十数年の間ということになります。この間に拙寺の檀家は四百軒近くになっていました。この数は、一人の住職が一カ寺をきりもりしてゆく限界をとおに越えています。でもこれは何とかしなければならないと考えることもなかったのです。信仰心のない人たちはしぜんと徐々に脱落してゆきはじめたからです。葬式だけを寺に求めていた人たちは、どこまでも寺は葬式のために存在するものと受けとめています。それらの人たちは一周忌、三回忌までは勤められますが、それ以降は寺と縁を切ってしまいたいと考えられる。仏教の筋道からすれば残念といえば残念なことです。そうした人たちを仏教徒としてつなぎ止めてゆくこともまた住職としての勤めであるとすれば、これは私の怠慢だったかもしれません。しかし考えてもみますと、寺をでていかれる人たちに共通していることは、お金と関連することです。拙寺では昭和六十年に庫裡を改築したのを契機に本堂改築事業に乗り出し、寄付を募りはじめたのですが、これを契機に多くの人たちが寺を離れていきました。これは悲しむべき事態であり、けっして喜ぶことではないのですが、じつはこれは私にとってさいわいなことでした。やがて三百軒を割り込み、二百軒ほどになったとき、拙寺は仏教本来の寺に還ることができたのです。

葬式を縁として正立寺の檀徒にはいってこられた人がいつか寺を離れられていった一方では、葬式を縁として檀徒になられた人のなかには、「いいお寺、いいお上人さまと出会うことができた」と喜びの声をかけてくださる人も多くいらっしゃいました。そのような人たちは、現在にいたるまで法華経信仰に挺され、檀徒として信仰を堅持なさっておられます。これらの人は葬式を仲介にして信仰に目覚められたわけです。葬式さきにありきではなく、まず仏教のおしえがあり、そのおしえを信じる人たちが死を迎えたとき、自分の信じる住職さんの手によって仏式で葬式をだすという方向性は大切ですが、この世は縁と縁によってなりたつ世界であってみれば、葬式もまた勝縁のひとつと受けとめてもよいのではと考えますと、それら寺の檀徒になられた人々の喜びの声は、大切にしなければいけないと思います。

今も葬儀屋さんと手を組んでいる一部のお寺さんたちは、雇いいれた所化さんにお参りに行かせ、自分はベンツなど高級車に乗ってゴルフに興じたり、女の人を囲ったりと、自由奔放な生き方に徹しておられる住職さんもおられます。ご信者さんや檀家の方々はそれを何とも思わず、批判の眼をむけることもなく過ごしておられるのですかね。不思議なこともあるものです。拙寺の檀家さんたちとの会合で、そうした無謀な住職さんたちのうわさ話に花が咲くことがあります。坊主がよほど坊主らしくない生活に堕してゆくとき、「葬式仏教」などよりもっと鋭い刃が仏教界に投げられるのは時の問題のように、私などには映じます。お坊さんはお坊さんらしい生き方をしなければ、世の人々はいつかかならず匙を投げることでしょう。いや、もうとっくにそのときを迎えているのではないでしょうか。

学問に身をいれる

寺が落ち着きをみせはじめた拙寺では、私は大学生時代に志していた仏教研究の道にやっと足を一歩向けることができる状態になりました。庫裡改築を記念して『法華経世界ここにあり』を発刊することができました。それよりさき、昭和五十六年には『正立寺不軽会・日日のおつとめ』というお経本を発刊していますから、私にとっては二冊目の出版事業でした。それ以来、今日にいたるまでに数冊の本と詩集を出版することができました。

その『正立寺不軽会・日日のおつとめ』を制作していたときです。岡松寺《こうしようじ》の古田《ふるた》昭翁《しようおう》上人から連絡がはいり、私に話したいことがあるというので、大阪のある場所でお会いしました。なにごとならんと思っていたところ、「本能寺の松井日宏猊下の伝言」として次のようなことでした。それはこの年に興隆学林の豊島正典先生が急病で遷化され、学林としては困った事態におちいっている、それで豊島先生の後釜に私を推すということでした。興隆学林の教授への道を、松井猊下と古田上人が、私に白羽の矢を立てようとされたのです。ところが古田上人は、それにはひとつの条件があると話されました。なにごとならんと構えますと、「君がいますすめているお経本の制作をストップする」ということがその条件でした。宗門には宗門のお経本があるのですが、当時、大阪教区においても古田上人が中心になってお経本の制作をすすめておられました。松井猊下は「宗門に二種類も三種類ものお経本は不必要だから、一カ寺からだす必要はない」ということで、私にこのお経本の制作を中止せよということで、それとひきかえに学林への奉職を勧められたわけでした。

これには私は迷いました。正立寺のお経本の制作はなかばすすんでいたとはいえ、中止しようと思えば、私ひとりの一存で中止することはできます。しかし私はこのお経本に未練をもっていました。活字を大きくし、なかに檀徒各家のご先祖さまの戒名がはいり、檀徒の一人ひとりがご自分の名前のはいったお経本を手にすることができるという斬新なものです。こんなお経本は日本中さがしてもどこにもありません。むしろこのようなお経本こそ、全宗門の寺々がもつべきではないかと自負していました。ちなみにこのお経本は、全国寺院のうち約三百カ寺に贈呈しましたところ、それらの寺院のなかから三十部、五十部、なかには百部といった追加注文があいつぎました。経本制作はとてもよかったと今も考えていますが、じつは三、四年前のこと、それらの寺院のうちのある寺に参詣しましたとき、ご本堂にこのお経本が山積みされている光景を目の当たりにしたとき、大きな驚きとともに涙したことでした。

松井猊下と古田上人の突然の申し出について、このとき考えたことは、学林教授というものについてです。学林教授を選択するということは、自分を宗門カラーに染まらせてゆくということを意味します。私は信仰というものはもっと広い立場から日蓮聖人の真実の信仰を訴えてゆかねばならないものという考えをもっていました。学林に籍をおいても、それが不可能だとは思われませんし、現に学林の先生がたのなかには自由な発想のもと信仰にいそしまれている先生もおられます。しかし学林組織のなかに自分の身をおくことにはある種の抵抗感がありました。伝統教学にはもちろんそれなりの意義も価値もあることは承知していますが、自らそのなかに飛び込むことに躊躇したわけです。それに松井猊下のような政治力のある人の采配で教授のポストが決定されてゆくという事態は、ほんとうはあってはならないことではないか。教授のようなポストはもっと高い次元で決定されてゆくべきではないかと考えたわけです。そのとき、宗門はどうして私に白羽の矢を立てたのか。おそらく私が大学院へまで進んだことが原因していたと思われます。現代は院へすすむ人はごろごろいますが、昭和五十年代、大学院へ進学する人は一般にもそんなに多くはなく、宗門では二三人を数えるほどでした。学林のある近畿圏では私ひとりが院を修了していました。きっとそのあたりが原因して私というものの存在が浮き出てきたのでしょう。しかしそのような政治的な力で学問の世界のポストが決定されることにはたして正当性があるでしょうか。そのようなポストはかならず採用試験を経てでないと就けないという条件を必要としなければならないのではないか。学林の教授のなかには、それほど力のあるとも思えぬ人が教鞭をとっておられます。御遺文を誤読された教授もおられました。このような状況がつづけば教授の価値はさがる一方になることでしょう。あるいはまた現下のような状態で教授が選定されることは、教授が宗門の虜になることを意味しはすまいか。もちろん学林に学問の自由がないとはいいませんが、すくなからぬ繋縛が横たわっていることは想像できます。そんな危惧をもちました。

お経本制作と学林への奉職という選択に迷った私は、結局はお経本制作に踏み切ることにしました。古田上人はとても残念がっておられましたが。

私はこれを機に自分自身の勉強、研究をすすめてゆかねばと考えました。

これより先、関西大学の大学院に籍をおいたときから私は「日本印度学仏教学会」に入会させていただき、そこにおいて「霊異記の法華経」「トガノオ考」「本能寺と信長」「日蓮聖人の後世観」「日蓮聖人と諸天善神」「道元禅師の法華経」「道元禅師の法華経（二）」「道元禅師と日蓮聖人の法華経観」等々の論文を発表させていただきました。また平成二十二年には花野充道師のお勧めによって「法華仏教研究会」に入会、「日蓮伝の一考察」「日蓮伝再考」「日蓮の上行自覚についての」「三十番神について」等々の論文を発表させていただくことができました。これらの論文には一定の評価をえることもでき、花野充道師へは感謝の気持ちでいっぱいです。

それらの出版物の土台となったのは、住職就任にあわせて『聖流』という寺報を月刊で発行しつづけていたことと関連します。『聖流』は平成三年四月号からは『サットバ』と改題し、郵便局から三種郵便物としての許可もいただきました。それは宗門からだされる雑誌類は、一般信者向きとはとても考えられないようなものばかりで、お坊さんの書かれるものはお坊さんでないと理解できないといった感がつよかったわけです。ここはひとつ一般の人たちにも読んでいただけるようなものをだそうと考えたのでした。『サットバ』はおかげで多くの読者を得ることができました。当初は宗門からだされる雑誌より『サットバ』のほうに人気が集まったというようなこともありました。あるご本山の貫首様などは、毎月百冊もの購読をしてくださったものです。それも熱いことばで激励してくださされながら……。先にいった学林奉職を断ったのも、『サットバ』に力をいれたのも、おなじ心境です。信仰の土台は宗門的、教団的なものにあってはならないというひとつの信念です。もっと広い立場にたって信仰は深められてゆかねばならないという考えは、今もかわりません。

回向坊主またよし

そんなふうな生き方を徹底した私にたいして、あるご貫首猊下は「一匹狼」と称されたことがありますす。ところが別のご貫首猊下は、わが宗門には五大本山があると言われました。五大本山とは、法華宗（本門流）には本能寺・本興寺・光長寺・鷲山寺という四大本山があるわけですが、それに加えるに『サットバ』発行もとの正立寺が五番目の本山だと言ってくださったわけです。『サットバ』の影響力は一時期、それほどまで力をもっていたということでしょう。当時は、『サットバ』激励の郵便物が月に二三通はとどいていました。『サットバ』によって法華経なり日蓮聖人の法門を学ばせてもらっているといった内容のものが多く、これは大変なことだと、ずいぶん責任を感じたことです。しかしまた逆に、『サットバ』にはまったく無関心のご僧侶もたくさんいらっしゃいました。殊に宗門中枢を担っておられる方に多かったような印象です。

平成六年には多くの宗門関係者の上人がたのご協力をえて、『本地の人・苅谷日任上人』を出版することができたのですが、その年の『サットバ』十月号の「聖句法話」には日蓮聖人の「行学の二道をはげみ候べし。行学たへなば仏法はあるべからず。我もいたし人をも教化候へ。行学は信心よりをこるべく候」という『諸法実相抄』をかかげ、そのなかにこんなことを書いています。「行学二道ということは、口がすっぱくなるほど聞かされてきた言葉のひとつである。それが日蓮聖人の『行学たへなば仏法はあるべからず』という最蓮坊に与えられた聖語より発しているることは言を俟たない。この場合の行とは何であり、学とは何を指すかということを考えてみると、『教学』という言葉が今日日常茶飯に使われているように、『教』というものはひじょうに理解しやすい。もちろんこの言葉を厳格な意味において規定しようとすれば、それこそ日任上人が『法華宗教義綱要』という大冊の本で明確になされねばならなかったほどの努力が必要なことはいうまでもない。しかしごく簡単に言ってしまえば、『教』とは机上で済まされるものといってもいいであろう。そして『教』を重視しょうとする風潮は今日ますますはげしいような印象を受ける」と。

そこには宗門をある程度改革しなければいけないという含意があったと思いますが、そのようなことは至難のわざであり、当方にそのような力はもちろんなく、ただ『サットバ』によって自身の信仰を吐露したまでです。『サットバ』の支持者は私のささやかな発言にたいして評価をくだされたのですが、反支持者はどこまでも冷淡でありました。つまるところ教団を改革するなどということは無謀なことといったほうがよろしい。仮にそれが実現したところで、たとえば田中智学のおこなった明治・大正時代の改革も、現在の視点にたってみつめかえすと、中途半端に終わったのではないかという印象があります。というより教団組織というものは、なかなかおいそれと変わってゆくものではないわけです。将来にわたっても、それは変わるものではないと考えていいでしょう。このあたりは教団組織を否定した親鸞聖人の偉大さを思います。彼は教団組織というものの将来を見据えていた人です。しかもそれを否定した親鸞聖人のあとを継いだ人々は、日本随一の巨大な教団組織としての本願寺教団を形成することになりました。親鸞聖人の嘆き節が地下からきこえてきそうですが、いったん組織ができてしまうと、それを守るために、おしえがゆがめられてゆくという必然をはらんでゆくこともまた事実で、それもあわせて親鸞聖人の理想は木端微塵に砕けてしまいました。

真実の信仰は教団組織のうえには存在するのではなくて、自身の信仰を貫いてゆくところにこそ発揮されるものではないか。先に私を一匹狼と称された猊下がおられることを申しましたが、じつは信仰とはそれでよろしいわけです。その矛先がきっちりと釈尊なり日蓮聖人の信仰に直結するのならば。たしかに『法華経』や日蓮聖人御遺文を読みすすんでゆきますと、法華経世界の奥の深さが身に沁みます。その理解も毎日のように変化してゆきます。小説などでも若いときに読んだものを再読すると、あらたな発見があるものですが、経典なり宗教書というのは、それらと比較できないほどに胸の奥ふかくを刺激してゆきます。私は『法華経』に縁をえたことは、法華の寺の住職になったこととあわせ、これほどの法悦はないと、最近つくづく考えています。私をかこむすべての人にたいして、感謝のことばをささげたいと思うところです。

人の道というものは人それぞれ異なっているのですが、そのそれぞれの道というものは、まるで自分がひとりで歩いているような錯覚を時々おぼえます。ですがこれはけっしてそうではないということが、最近になってひしひしと感じられます。自分の道は遠いまた近い因縁のなかにこそ生じてゆくもののようです。でもそうかといって手をこまねいているというのはいけませんでしょう。法華経信仰はすべての因縁を切る大利剣と申します。そういうことは自分で覚ってゆかねばどうしようもないように思います。

五十数年前、三村上人は私に「回向坊主になってはいけない」とおしえましたが、最近では私はむしろ回向坊主を徹底してゆくことが大切ではないかと思うようになっています。初めはそうでもなかったのですが、だんだんお檀家さんのお宅を回ってお経を読ませていただいているうちに、この、寺と檀家さんとの結びつきはすこぶる大切なものと考えるようになりました。回向参りは、まさしくスキンシップ。檀家さんのいろいろな悩みや日常茶飯のことどもを膝詰めでお聞きし、話しあうことがどれほど意義あることか。これからも私はこのまま回向坊主をまっとうして、回向坊主のままでこの世を終わりたいと考えています。

『サットバ』で出会った人たち

山野上純夫さん

平成四年の四月のある日、大阪の某本屋で『法衣のかげで』という本が目にとまりました。副題に「仏教界・この現実」とあります。著者は「山野上純夫」とあり、毎日新聞社を退職されてからは京都に本社をおく宗教紙『中外日報』の参与をされていると、〈略歴〉にあります。毎日新聞社では、主として〈宗教・人生〉欄を担当されていたともありました。その場でぺらぺらページを繰りますと同感するところが多くありました。ながい新聞記者生活のなかで取材された仏教界の裏ばなしが、この本にはぎっしりつまっているのです。ためらうことなくこの本を買いました。読みすすむうちには、著者の仏教や仏教界にたいする篤いまなざしが伝わってきます。序章に「《富者の万灯》のかげで――病める仏教を憂える」と題されていることが象徴するように、この本全体からながれるテーマは、仏教界の病める状況を逐一克明に追うたもので、その日のうちに読了しました。深い感動が胸に押し寄せてきます。小生が日ごろ感じている仏教界の現実とあまりにも相似しているからです。これから先、いったい仏教はどこへ行こうとしているのか、著者はそんな嘆き節のなかにも真の仏教をもう一度、といった視点を強調されています。その純な心が本全体に充満していて、それは小生の同感するところでした。いてもたってもおられなくなると、私はパソコンにむかい、手紙を書き、山野上さんに本の感想文を送りその中に『サットバ』を同封しました。

それから九カ月ほど経った平成五年一月十七日、山野上さんが突然拙寺にこられました。私が山野上さんの前に、それまでに発行していた『サットバ』の山をご覧にいれますと、なにかを感じとられたのでありましょうか。二カ月後の三月、「『サットバ』に使えるようなら使ってください」というメッセージとともに「障害者が学ぶとき」という手書き原稿が送られてきました。それは五月号に掲載させていただいたのですが、こうして山野上さんの文章が、初めて『サットバ』に掲載されたわけです。当初は毎月ということはありませんでしたが、やがて毎月、手書きのしっかりした楷書の原稿が、きっちりと〆切の数日前には郵送されてくるようになりました。

それ以来、二十三年が経過した今も、原稿は定期便のように送付されつづけています。

こうした状態が二十年を迎えた三年前の平成二十四年、私は山野上さんの文章を一本にまとめる計画をたてました。というのも、それまでの二十年間、サットバ編集室は山野上さんに原稿料を渡したことがありません。平成五年以来、まったくの無料奉仕で山野上さんは『サットバ』を盛りたててくださってきたのです。『法衣のかげで』を読むまでは何の関係もなかった山野上さんは、どうしてこれほどまでに力をいれてくださるのだろうか。今もって不思議な感じは拭えません。私としては、二十年という節目に、この百パーセントの『サットバ』へのご奉仕にたいして、何かお返ししなければと思いました。それに『サットバ』の読者のかたは、ページを繰られるとき、まず山野上さんの文章から読みはじめるという人がずいぶんと多いのです。編集室へは時々『サットバ』の感想が届けられますが、そのなかにはかならずそのようなことが記されていました。この二十年間の『サットバ』人気は、山野上さんによって持続をたもつことができていたといってもよいのです。そんな山野上さんにたいして、なにかお返ししなければと考え、それまでに掲載いただいたものを編集することを思いたったのでした。山野上純夫著『「サットバ」と共に20年』という冊子は、平成二十四年四月に出版することができました。後で知ったのですが、山野上さんはその年『中外日報』社を退職なさったそうです。長い新聞記者としての生活にピリオドの打たれた年だったのです。この冊子は『サットバ』読者のかたや、私の知り合いや、また山野上さんの知人にも配布され、それぞれ感動とともに読まれていったようです。

現在は「ずいひつ」のほかに「コラム」欄へも協力くだされ、毎回二本の原稿を、これまでとおなじようにきっちりと投稿しつづけてくださっています。やがて米寿を迎えられようとなさっている山野上さんには、健康に留意いただき、末永く『サットバ』とともに生をつないでいってくださるよう、ただただ祈るばかりです。

近藤文政上人

私の僧侶生活五十年のあいだには、ずいぶん多くのご僧侶がたと親しくさせていただきましたが、印象にのこる上人としては藤田日浄聖人、野村日政上人、有田成達上人などから、その清く、つよい信仰態度に動かされました。自分もそのようでありたいと思いつつ、これといったこともできなかったことは、これら先人上人に申し訳ないかぎりですが、それは自分の非力としかいいようのないもので、お詫びするしかありません。

お会いした上人がたは、右記のほかにももちろん多数おられますが、そんななかでこれぞという上人は近藤文政上人をおいてはありません。六十一歳までは本能寺の塔頭におられましたが、六十一歳を契機に九州の本門寺再建に乗り出されました。その初一歩に托鉢で、つまり徒歩で京都から九州まで行かれたのです。この事実を知ったとき、今どき、そんな上人がおられたのかと驚きもし、感嘆もし、一度、膝をまじえて語り合いたいと思ったことです。『サットバ』誌上で「寺めぐり」を思いたったのは、この思いを実現するために始まったのです。近藤上人に打診すると幸いＯＫがえられ、それ以来、次々と寺めぐりが始まっていきましたから、近藤上人の存在なくしては成り立たない企画でした。ただし「寺めぐり」はそれ以前に皮切りとして大本山本能寺、次で私の師匠が小僧時代を修行させていただいた岡山・松寿寺様と大阪谷町・妙法寺様をトップに取材お参りさせていただいていますから、近藤上人へは第四番目ということになります。平成三年の秋、私は九州へ近藤上人の担任されている本門八品教会（現在は本門寺と寺号公称されている）に参詣させていただき、それこそ膝をまじえて語り合いました。その取材内容と近藤上人の法話は『サットバ』平成三年十月号（№二〇七号）に掲載しました。教会を去るとき、次に参詣する寺を紹介くださいと申し出ると、すかさず近藤上人は「加古川太平寺さん」とおっしゃってくださいました。この太平寺の米澤上人は、霊感のつよい上人で、あの世のことや霊の世界をあたかも現実に見られるように透視される特殊な力をおもちの尊い上人。霊の世界が確実に存在するという証拠は、このような上人にお会いすると、もうまったく疑う余地がなくなります。『法華経』信仰のすばらしさもまた、このような上人から多くを学ばせていただくことができたわけです。ともかくも私の寺巡りはこうして始まってゆき、とうとう百ちかくの寺を巡らせていただきました。

加古川太平寺様の米澤立扇上人の信念は、顕霊二界（この世とあの世）の成仏を願い、それを実行することにありますが、それは師である苅谷日任上人の御遺命でもあったのです。米澤上人はそれを弘めることが自分の任務となされ、顕霊二界を通じて、ともに合掌礼拝の世界をつくりあげること、つまり本地仏教の真実を知ってもらうこと、真実のご宝塔のなかにすべての人に入っていただくことを実行なされ、それをかくじつに実現なされていったのです。

米澤上人のご紹介で、次には福泉寺の久永晃顕上人を訪ね、次は立正寺の高野現明上人、吉生院教会の千本妙操上人、妙法院教会の白井本正上人、延乗寺の卯滝摂心上人、三軒家妙法寺の野坂文彦上人とつづいていきました。そんななかで特に心に残る上人は立正題目教会の吉崎恵龍上人、法昌寺の福島泰樹上人、真如庵の野村日政上人、法徳教会の吉田妙昇上人、妙應寺の河村憲龍上人、日典寺の山田永順上人、久本寺の渡辺智弘上人、妙修寺の土田妙晃上人、本傳寺の有田成達上人、佐伯妙法寺の前田超光上人、大阪太平寺の上田恵亮上人等々。その他にもすべてのお上人さまがおのおの独自の修行でお寺を守り、信仰の灯をともしつづけておられました。法華の寺は過去のものでなく、今もいきいきと生きているという実感を、それら寺巡りをさせていただいてつよく感じさせていただくことができました。そしてこれらの上人がひとしく名僧としてあげられた一人の人物がありました。苅谷日任上人という僧。私が正立寺にきたときにはすでにご遷化なされていたので、お会いしたことがありませんが、寺巡りの上人がたが等しく名をあげられたこの人物をもっと知りたいと考えるようになりました。全国の上人がたに、苅谷上人の思い出等をつのると、おおくのかたがご協力くだされたのです。『サットバ』に「苅谷日任上人特集」を掲載したのは平成四年十月号から平成六年十月号まで。四十二名のかたから原稿が送られてきたものをまとめさせていただき、苅谷上人三十三回忌にあたる平成六年十月、一本にまとまった

『本地の人　苅谷日任上人』を上梓させていただくことができました。この本は宗内外からたかい評価をいただくことができました。『サットバ』から生まれた、なつかしい思い出の一コマです。

田中久夫さん

小生の住職としての大きなしごとは、今ふり返ってみますと、本堂や鐘楼や庫裡などの改築よりも寺報として『サットバ』（前身は『聖流』）をつづけてきたことにあるように思います。これは住職就任の翌年から月刊として発行しつづけてきたもの。当初は寺報としての目的をもっていましたが、徐々にその殻をでて、法華宗宗門のお坊さんたち大半の支持をえることになります。それは庫裡を落慶したとき、記念品のひとつとして『法華経世界ここにあり』という本を出版したことが大きな機縁になったわけです。この本には、それまで掲載してきた対談とか法話とかを一冊にまとめたものですが、これを全国の寺院に贈呈というかたちで送付しましたところ、大変な反響が寄せられたのです。宗門からだされたことのない内容が、お坊さんたちの心に響いたのにちがいありません。

この本をきっかけにして、寺報の殻をいっそう破ってゆかねばなるまいと考えまして、その方針で編集に取り組むようになりました。その編集方針のなかに学術的なものも視野にいれなければいけないとも考えたのです。そのとき想念に浮かんだのが田中久夫さん。関大の院に在籍していた時よりの友人です。それまでにも田中さんには「墓地と霊魂観」という題名のもと、長いあいだ連載していただいたことがありますし、そのほかにも京都大学の柴田実名誉教授、大阪府立大学教授・上田さち子さん、帝塚山学院大学教授・鶴崎裕雄さんに登場していただいたこともあります。そんななかで田中さんに注目したのは、彼が御影史学会という組織をたちあげられ、足下には学問にいのちをかけている若い人たちが雲集していたことです。みんな田中さんの学問に魅せられた人々ばかりで、後にはこのなかから大学教授になられた人もおられます。ひとつ、この田中さんのもとに集まる若い学徒に呼びかけてもらおうと、かってなことを考えたものです。田中さんにはしごく迷惑なことだったかもしれませんが、田中さんはふたつ返事でこころよく受けてくだされ、以来多くの論考がよせられました。それらを中心に、『サットバ』に掲載された人たちのご尊名と主題をここに掲げさせていただきます。

横田健一先生「大御堂の春のにひめとりに思ふ」―昭和五十年三月―
田中久夫先生「墓地と霊魂観」―昭和五十年九月より二十三回連載―
室田卓雄先生「民謡の心」―平成二年七月より十回連載―
藤江久志先生「八百比丘尼伝説」―平成三年七月より四回連載―
大江篤先生「仏教と女性」―平成四年二月より八回連載―
酒向伸行先生「憑霊信仰覚書」―平成五年七月より二十八回連載―
西尾正仁先生「日本温泉史話」―平成七年十一月より十二回連載―

久下隆史先生「法華経を守護する神々」―平成八年十一月より十四回連載―
俵谷和子先生「法華経信仰の一側面」―平成十年一月より四回連載―
宮原彩先生「手紙の処理方法」―平成十年五月より七回連載―
田中久夫先生「人を育てる」―平成十一年一月より三回連載―
小山喜美子先生「播磨地方の鬼追い行事」―平成十一年四月より三回連載―
田中久夫先生「女性と仏教」―平成二十二年冬号より五回連載―
酒向伸行先生「憑霊信仰覚書」―平成二十三年春号より十四回連載―

田中さんはこの後博士号を取得され、神戸女子大学教授にも就任されました。御影史学会は百名をこす大きな学会組織になり、今や日本の民俗学界における有数の位置を占めるまでに成長しています。すべて田中久夫という個性が力を存分に発揮していったのです。特記すべきことは、これまでの多くの論文が集積された『田中久夫歴史民俗学論集』が岩田書院から刊行されたこと。平成二十六年には全五巻が完結しました。その内容をここに紹介させていただきます。

第1巻『皇后・女帝と神仏』(解説：大江篤氏)
第2巻『海の豪族と湊と』(解説：俵谷和子氏)
第3巻『山の信仰』(解説：久下隆史氏)
第4巻『生死の民俗と怨霊』(解説：藤原喜美子氏)
第5巻『陰陽師と俗信』(解説：籔元晶氏)

これら各巻に収録されている主題をみただけで、田中さんが対象にされたものがとても多岐にわたっていることが理解されましょう。田中さんの民俗学の特色は、ただ単に日本人の伝統的な生活や文化を博捜されるのみでなく、そこに眠っている文献の引用が非常におおいことにあります。このことは、民俗学に学という名にふさわしい体系を田中さんは樹立されたものといってよいものです。民俗学という学問体系にとどまることなく、歴史学の一翼を担うにふさわしい学問といってもよいでしょう。その論集に「歴史民俗学」と名付けられた意味の深さを感じとらないわけにはゆきません。

『サットバ』を送付しますと、田中さんはかならず感想文を送ってくださいました。超多忙の身であっても、これを欠かされたことがありません。当方としては、そんな田中さんにおおいなる刺激をうけ、次号にも喝をいれて編集作業に取り組んでいったものです。

花野充道さん

平成二十一年の師走にはいった頃、花野充道という人から『法華仏教研究』という雑誌が送られてきました。同誌の創刊号です。ページを繰りますと本格的な学術雑誌で、登載されている論文はすべて専門的なもので占められています。なかには「下種論に関する諸問題」という田村芳朗先生の著名な論文（昭和四十六年発表）も「温故知新」という欄に掲載されていました。この雑誌で小生がとくに刮目させられたのは花野さんの「『法華仏教研究』発刊に至る経緯」です。

この時点で小生は花野さんという人とは無縁で、お名前じたい未知の人。しかしこの小論を読みすすむと、ぐいぐいひきつけられていきました。なかにこんなことが書かれてありました。

閉鎖的な教団の中で、自己満足の論文を発表し合うという、まさにぬるま湯のような日蓮教団の現状に対して、活性化という熱湯を注ぎ込むべく、このような同人誌の発行を発願したわけであります。

また、

自分の所属する教団の日蓮聖人の思想・信仰について、何か批判的な見解が発表されても、全く無視するか、自分の所属する教団の機関誌で、教団内部の読者に向かって反論するだけで、お互いに犬の遠吠えのような自讃毀他を繰り返しているのが、日蓮教団の現状ではないでしょうか。

この雑誌には花野さんの履歴にも触れられていて、彼は日蓮正宗の僧籍をもつ、れっきとしたお坊さんだったのが、母校の早稲田大学より博士号を授与されるや、僧籍を剥脱されたというのです。博士になった人を宗門が追い出すとは何ということか。変なこともあるものと思いましたが、日蓮正宗という教団は伝統教学のみを唯一の信仰、唯一の教学とし、近代的な研究をまったく認めないらしいのです。だから早稲田大学で学位を取得したような人物は、教団としては排斥してしまったのです。前近代的というか前時代的というか、まったく幼稚な手法としかいいようがありません。僧籍を剥脱された経緯についての真相は小生などには理解できませんが、おそらく長いあいだにわたる教団との軋轢なり深い対立があったにちがいありません。日蓮正宗といえば創価学会もまたこの教団から生まれでていますが、何か恐怖心のかきたてられるような教団という印象をうけました。

それはそれとして花野さんは日蓮正宗の僧籍をなくされてから、自分の生きる道をいろいろとまさぐられるうちに『法華仏教研究』という雑誌の発刊を決意されたようです。それは日蓮聖人のおしえは聖人滅後、幾多の門流を形成してゆき、それぞれが教団組織をつくり、教団どうしの交流も没交渉になってきました。そのような閉鎖的ながれは日蓮聖人の目指されたものではないはずで、聖人にたいしてもうしわけがたたないのではないかというのが花野さんの考えです。この考えかたに小生は百パーセント同調しました。というより世の中には自分とおなじような考えをもつ人があるものと、感心しないわけにはゆかなかったわけです。花野さんは小生ごときよりももっと厳しい環境におかれ、僧籍剥奪という、小生なんかには考えもつかぬ事態においこまれておられるのです。そんな中での『法華仏教研究』の創刊です。花野さんはこの雑誌によって日蓮門下各教団がひとつのものになることを目指して、企図されたのです。そして身もしらぬ小生などのもとにも創刊号を送ってこられたのです。

小生はただちに同調の意志を伝え、まことに意義ある決断に踏みこまれたものと、祝意を示させていただき、発起人の一人に加えていただくことにしました。これはしばらく後のことになりますが、花野さんに手紙を書いたことがあります。その一部分に小生はこんなことを記していますので、ここに載せます（花野充道様宛手紙―当方のパソコンより―平成二十五年四月十六日付。文面の一部はすこし変えたところがあります）。

鎌倉仏教については、これからはより本質的なことが論議される時を迎えていると思います。これまでは「宗祖にたいする研究」または「宗祖の思想の歴史的変化」を主としてきましたが、そうではなくて、仏教における日本という国との関係、または日本思想という観点にたった視点が必要ではないか。鎌倉仏教というのは、じつは日本仏教ではないという見解を小生は持っています。変なことをいう奴だとお笑いになられるでしょうか。仏教とは日本においては鎌倉仏教そのものという視点が学界の主流を占めていると思われますが、そもそもそこがおかしいと小生は考えています。つまり「①鎌倉仏教」と「②鎌倉仏教以前と以後」を対象にしたとき、①は、まさにその九十年ほどの歴史（法然上人の『選擇本願念仏集』著述の年である建久九年―一一九八―～一遍上人の遷化の年である正応二年―一二八九―）に限定されるということであり、②は「飛鳥時代から平安時代末期まで」と「鎌倉時代以降現代にいたるまで」という長い歴史を含みます。つまりいわゆる鎌倉仏教（①）というものは、突き出た山にすぎないということ。そのせまい山に、法然上人も栄西禅師も道元禅師も親鸞聖人も明恵上人も貞慶上人も重源上人も、そして日蓮聖人もおられるということ。その山のこちらもむこうも（つまり②）、ただ平淡とした日本という地層の上にある。鎌倉仏教は日本仏教にとっては特殊な選択ではなかったのかと考えます。むしろ鎌倉仏教は日本仏教ではないと結論づけるほうがよいのではないかと考えます。

鎌倉仏教の特色の一つとしていわれている選択の思想ですが、これは法然上人をはじめとする浄土門の人にとくに顕著であることはいうまでもなく、道元禅師もまたそれにつぐと考えてよいでしょう（細かな点は略します）。日蓮聖人はしかしちがう。日蓮聖人の宗教は総在の思想です。南無妙法蓮華経にはすべてのものが流入してくるからです。法然上人の選択思想はそれこそ捨閉閣抛の思想としてくくられるものです。総在は逆にすべてを包み込むものです。このことは日蓮聖人が口をすっぱくして発言なされているところ。選択と総在とは似ているようで異なったものと思います。鎌倉仏教という山にあって、日蓮聖人の宗教は、その山をつきでたところに位置しているのではないか。①のなかにありながら②にも耐えうる宗教、それが日蓮聖人の宗教ではないかと考えなければいけないのではないか。

ただ残念といわなければならないのは、日蓮聖人の宗教は即日蓮教団の宗教ではないという点。日蓮聖人の宗教は日蓮聖人だけで終了したと断言したほうがよいのではないか。もちろん花野先生はじめ自覚的に日蓮聖人の宗教を自分のなかにしっかり抱いている人は別ですが。しかしそれは教団仏教からはでてこない。各個人のもっている宗教観にすぎません。

『法華仏教研究』は平成二十一年十二月に創刊号が発刊されましたが、以後、年間ほぼ二回から四回、定期的に発刊しつづけられ、これまでに十九号まで刊行されています。すべて重厚な論文で占められ、読みすすむのには多少むつかしさを労さねばなりませんが、それよりも何よりもこの雑誌の特徴は、日蓮門下各教団の人たちが寄稿しているところにあります。各教団内で「井の中の蛙」になりきっているのを『法華仏教研究』がその壁を打破したのです。花野さんの期待に応える人がいかに多いかを、これは物語っています。まったく花野さんには頭がさがります。そしてその結実は『シリーズ・日蓮』全五巻として世に登場してきました。平成二十五年より春秋社より出版されたこのシリーズは、日蓮聖人の宗教を多面的に見つめなおした研究論書で、すこぶる先見性をもつものです。惜しむらくは専門的にすぎ、一般読者にはすこし難解であるという点。しかし執筆陣やその内容は現在ののぞむべき最高の学者先生のレベルによって占められています。『法華経』や日蓮聖人についての現代的意義は、このシリーズ全五巻に集約されています。ぜひ手にとって読んでいただきたいお勧めの本です。

花野さんとは平成二十二年に一度、東京で呑みながら席を同じうしたことがあります。その節、小生は花野さんに進言したものです。「現代の法然上人になってください」と。鎌倉時代、法然上人は果敢にも仏教を聖道・浄土の二門にわけるという誤った道に踏みこんだのですが、花野さんには日蓮聖人の理想とされた社会や宗教を、今日的な目線で再評価してほしいと進言したのです。小生がいうまでもなく、花野さんはその道を着実に踏みしめておられ、これから立派な花を咲かせていかれることと信じます。

『サットバ』では時々に特集号を編みました。特集号ならずとも、自分の宗教観なり仏教観なりをいろいろと視点を変えながら綴ったのです。それらのなかで後に『仏教の門』として一本にまとめた本は、鎌倉時代に生きた三師の仏教観について考えたもの。その三師とは道元禅師、親鸞聖人、日蓮聖人。これら三師の拓かれた仏教は、即現代の仏教界を代表し、その中心的位置を占めるものだから、この三師を俎上におくということは、すなわち現代仏教について語ることです。これら三師の仏教を考えているうちに、ひとつ大きなことを発見しました。仏教の本流ということです。いったい日本の仏教はおおくの派に分かれていますが、どうしてこんなに多くの派に分かれているのかという点。基本的には日本の国がもともと多神教的性格をもっていることと関係するのだろうけれど、しかし仏教の開祖は釈尊お一人のはず。そのお一人のはずの仏教に派が生ずるということ自体、おかしな現象といわねばならないということ。いろいろと勉強しているうちにわかったことは、日本仏教をいくつもの門に分けた張本人が存在したということでした。それは法然上人。彼はそれまでの仏教を果敢に「この世の仏教」と「あの世の仏教」とに分類してしまったのです。仏教のこんな分類ほどおかしなことはありません。仏教とは今を生きるためのおしえであって、死後のことなど説いてはいない。しかし法然上人はここを押さえてしまったのです。しかもその後の仏教のながれは、この法然流仏教が主流をなすにいたっています。日本仏教は土台をまちがえてしまい、支流に走っていったとしかいいようがありません。現代でも仏教といえばあの世を説く宗教だととらえている人は多くあるはずですが、元凶は法然上人。

こんなおかしなことはあるまい。そんなふうに考えてさらに勉強をすすめていったとき、想念にあがってきたのが道元禅師。彼は曹洞宗の開祖、つまり禅宗をひらいた人物ということで世間では通っていますが、調べてみると、彼がもっともよく読んだ経典は『法華経』でした。本書の第一章に紹介したように、道元禅師は『法華経』二十八品全品にわたり、二百句以上を引用して『正法眼蔵』という著作をものしています。のみならず遷化のときは『法華経』の一句を唱えながら旅だちました。その死の床には『法華経』の経句が掲げられていました。研究者のなかには『正法眼蔵』は『法華経』の注釈書であると説く人もあるほどです。道元禅師は禅の根本を説くためにはどうしても『法華経』を援用せねば説明できないと考えました。その『法華経』観はもちろん日蓮聖人の見方とは異なりますが、『法華経』にたいする態度には熱烈な視点を感じました。日蓮聖人は『法華経』の説く深みへまで入りこみ、自身が『法華経』になってしまわれたのにたいして、道元禅師はどこまでも澄んだ態度で客観的に『法華経』にたいしておられる。そこに『法華経』にたいする大きな相違がでてくるのですが、もともと道元禅師という人は僧になったその最初のときから禅仏教に生ききろうとした前提をもっていた人です。日蓮聖人の場合は、もともとその海図には『法華経』はありませんでした。あるのはただ何が釈尊の本意であり、何を目的として釈尊は仏教を開かれたのかという一点にあり、『法華経』はそこから選択されたものでした。結論として日蓮聖人は仏教の本流が『法華経』にありという確信をもたれたのですが、禅に命をかけた道元禅師もまた『法華経』によらなければ禅を説明することはできなかったのです。仏教の本流は『法華経』からでないと説明がつかないということを表明したこの事実は重い。法然上人のように簡単に仏教を区分けしてしまえば、たしかに仏教の門ははいりやすくなったかもしれません。が、仏教は法然上人の説いたように死後世界に視点をあてたものではありません。ここをしっかりと押さえなければなるまいと思うのです。

『サットバ』を毎月編集しながら、このようなことを結論として導きだすことができました。思いかえせば、十八歳の悩みおおき若者が、仏教の門に飛び込んで五十年。やっと本流にたどりつくことができ、そして今、その本流を進んでゆこうとしています。おおくの先人たちに導かれたことを、深い感謝の念で頭をさげつつ。

第三章　『法華経』の一句にまなぶ

如是我聞《にょぜがもん》（かくの如く、われ聞けり）　序品

仏教の経典（お経）は八万四千ともいわれています。キリスト教やイスラム教などが、バイブルやコーランひとつでことたりるのにたいして、仏教の経典はじつに膨大な数にのぼっています。仏教の開祖は釈迦ですが、彼が超能力をもっていたとしても、一生の間に、ひとりではとても説ききれない数です。

江戸時代の思想家・富永仲基《とみながなかもと》（一七一五〜一七四六）は、『出定後語《しゅつじょうごご》』という書物を書いて、仏教の経典ははじめからひとつのものとしてあったのではなくて、次第につけくわえられていったものとして、仏典加上《ぶってんかじょう》説をとなえました。富永が指摘したように、釈迦がご存命の間に説いたもので、後世に伝えられたものは、たしかにとてもすくないのです。厖大な数の経典は、釈迦滅後に次つぎにつくられていったわけです。ことに大乗経典といわれるお経がそうです。

釈迦が直接に説いたものではないからといって、お経の価値は何らそこなわれるものではありません。というより、よりおおくの人々を対象にして、よりおおくの人々が救われてゆくためには、これらのおおくの経典は必要不可欠であったというほうが当たっています。一時は大乗非仏説と批判する人もありましたが、今はだれもそのような横やりをいれる人はいません。大乗経典は立派な仏教経典です。

日本に伝えられ、全国に弘まっていった経典は、ことごとく大乗経典ですから、私たちとして

は、お経に説かれていることを、すべて釈迦の説いたものと受け止めないといけません。「如是我聞」ということばに托された意味深さが、そこに感得されるのです。

「如是我聞」の意味ですが、これは、釈迦が涅槃ののち、いくたびか経典の編集会議がおこなわれたのですが、そのとき、釈尊の傍らでいつも聴聞していたお弟子の阿難《あなん》が、

「わたしは釈尊よりこのようにお聞きしました」(=如是我聞=かくの如く、われ聞けり)

と述べたところからきています。そのながれが大乗経典にもひきつがれていったわけです。

「このお経に説かれている真理は、ことごとく釈迦が説いたものである」ということを、まずお経の最初に呈示することによって、経典の真実をアピールしたわけです。

いま私たちの経典にたいする態度としては、「如是我聞」を阿難一人に留めることなく、お経を読むすべての人が追体験すべきと解すべきではないかと思います。お経をかなたのものとすることなく、こなたのもの、自分自身が生きていくうえで、もっとも頼りがいになるおしえがそこに説かれているのだから、それを自分のものにしていこうという信仰といいますか、自らがこのお経の世界のなかにはいっていくことを心がけて、お経に対していけばいいのではないかと考えるのです。

それによってお経はずいぶん私たちの身近なものとなることでしょう。

諸法実相《しょほうじっそう》（諸法の実相）　方便品

仏教経典は科学書ではないかと思うことがあります。仏教が釈尊のさとりの世界を体現したものならば、そのさとりの内容は、科学とも抵触しないと考えてもよいでしょう。仏教は信仰をもつことの大切さを説きますが、それと切り離した冷静な眼が、そこに厳然と横たわっていることに気づかされます。仏教の説く「諸法実相」の世界観とは、ものごとすべての事象を、あるがままに自然に如実に写しだそうとするものです。

現在、地球上の人々は温暖化ということを危惧しています。このまま温室効果ガス、とりわけ化石燃料の使用に伴う二酸化炭素（CO_2）の排出量増加がつづけば、二十一世紀末の地球は前世紀末より約四度の温暖化が進み、生物種の四割以上が絶滅し、生態系は壊滅すると予測されています。この意見に真っ向から異を唱えている学者もいます。東京工業大学教授の丸山茂徳氏は『文藝春秋』平成二十年五月号に、次のように述べています。

「人類が誕生した六百万年前から数えると、四度の氷河期があった。現在、われわれは間氷期にいて、穏やかな小春日和を謳歌しているが、それがいつ終わってもおかしくない状況にある。」

丸山氏は地球は温暖化していることを事実として認めながらも、深い根のところでは「地球は寒冷化する」と主張されています。この説には説得力があります。なぜなら仏教では「四劫《しこう》」が説かれているのです。四劫とは①成劫《じょうこう》、②住劫《じゅうこう》、③壊劫《えこう》、④空劫《くうこう》です。

①成劫とは世界が成立する期間
②住劫とは成立した世界が持続する期間
③壊劫とは世界の壊滅するにいたる期間
④空劫とは次の世界が成立するまでの何もない期間をいいます。

地球はいま、②住劫から③壊劫にいたろうとしている期間ではないかと思われます。やがて地球は③壊劫のときを迎えることでしょう。それが仮に温暖化であれ寒冷化であれ、いつかは壊滅するときを迎えます。仏教では①から④は何度も何度もくりかえしていくものと説かれています。

「諸法実相」は『法華経』がもっとも力説するところですが、まさに四劫という大きな宇宙的規模のなかで、地球も日本も、そして私たちも生存しているわけです。私たちの命にかぎりあるように、地球もまたその運命下におかれている。それがいつわらざるこの世の実相です。

日蓮聖人は南無妙法蓮華経と唱える世界は「四劫をいでたる常住の浄土」と仰せです。宗教的世界にひたるとき、四劫をも超克した世界に安住することができるというのです。そこに法華経信仰のまことの姿がうかがわれます。何の心配も、苦悩もなく、諸法実相の世界にこの身をゆだねればいいのです。ただ南無妙法蓮華経と唱えること、その一心に唱える場所がそのまま浄土だと日蓮聖人は訴えられました。

生老病死《しょうろうびょうし》（生老病死）　譬喩品

このことばほど身につまされる仏教語もありますまい。すべての人がこの世に生まれ、年をとり、病気をし、そして死んでいく。どれだけ金を積もうと、どれだけ高い身分の人であろうと、この囲いのなかからでていくことはできません。それが人生であり、人生の苦はそこからはじまってゆきます。

例外なく百パーセント確実な道にたたされているところを起点として、仏教の教説はひろがりをみせ、飽くことがありません。「生老病死」からいかにのがれでるかという根本問題に、まっ向から挑んだ宗教、それが仏教であるということができましょう。

この「生老病死」は、経典によって使い方がことなることは注目してもよいでしょう。『法華経』のなかには九回でてきますが、すべてこの四苦を超克して涅槃を得よと説かれています。涅槃とは絶対自由の世界であり、やすらかなさとりの境地。

ところが浄土経典では、これら四苦は「痛苦」であり、厭うべしとでてきます。『法華経』では四苦を超克することが仏道にたつことであると説かれるものを、浄土経典においてはこの世は捨て去るものであり、ただあの世を欣求する道が仏教なのだと強調します。「生老病死」はしかし誰も逃れることができないのですから、これを捨てよといわれても、ではいったいどうすればよいのか迷いは深まるばかりではありませぬか。でも浄土経典はこの世からあの世へ視点をすり替えてしまいました。この世の苦痛をのがれでてゆくために、あの世つまり極楽浄土に生まれかわることを説いたのが浄土経典。

「生老病死」がすべての人にとって例外なく百パーセント確実な道であるのなら、なにも逃げる必要などないのではないか。この人生は「生老病死」があるから人生なのであって、それのない人生などどこにもないという真実。だから自分をすっかりそのまま「生老病死」の道に立たせてしまえばよろしいのです。『法華経』はそう主張し、どこまでもこの世の苦を超克してゆくことを説くわけです。どこまでも努力せよ。努力して自らが仏の境涯にたつのだと主張します。そればけっして不可能なことではないよと『法華経』は説きます。いわゆるぼさつ思想。とうてい逃れでることはないと思われている四苦を、『法華経』はこの身のままで涅槃をえさせてしまおうというのであります。そこに法華経信仰が成り立つわけです。即身成仏！——この身このままで成仏してしまう。

えっ　それって、ほんとうなの？　といわれそうだが、『法華経』はこの身のままの成仏を説く経典です。浄土経典などのように、極楽に往かなくては得られないなどとはけっして説きません。この身をどこまでも『法華経』にあずけきるという絶対的なといってもよい信念。

不求自得《ふぐじとく》（求めざるに、おのずから得たり）　信解品《しんげほん》

「法華経」が難信難解のからをやぶり、すべての人の成仏を説いたことを、はじめに理解した人は舎利弗《しゃりほつ》です。その真理を釈尊が「火宅のたとえ」であつく語りますと、目連《もくれん》や迦葉《かしょう》など四人の弟子たちが、その真理をさとります。これら四人の弟子たちが「不求自得《ふぐじとく》」ということばを発するのはこのときです。お経に次のようにあります。

「心、甚《はなは》だ歓喜し、未曾有《みぞう》なることを得たり。おもわざりき、今において忽然《こつぜん》と希有《けう》の法を聞くことを得んとは。深く自《みずか》ら、大善利をえ、無量の珍宝を求めざるに自《おのずか》ら得たり」

四人の弟子たちは、この不求自得の大きな喜びを「長者窮子《ちょうじゃぐうじ》」というはなしで語ります。それは、財産家の父と長いあいだ離ればなれになって窮子《ぐうじ》（生活が困窮した子）となった子供が、年いってから父と再会することができ、やがて最終的に父の莫大な財産を相続するという内容です。窮子にとっては、いきなり思いもかけぬ莫大な財産を手に入れたわけで、まさに青天の霹《へき》靂《れき》、「不求自得」（求めざるに、おのずから得たり）というわけです。この場合、弟子たちは、自分たちを窮子に見たて、財産家の偉大な父とちがい、自分たちは毎日の生活にも困っている貧乏このうえない立場にあることを強調したのですが、じつはそうではなかったとして「不求自得」と喜びのこころを吐露したわけです。

「法華経」ではすべての衆生が成仏《じょうぶつ》すると説かれます。「不求自得」が説かれる「信解品」は

「法華経」二十八章のなかでは第四章に当たりますので、この段階では、こうしたまことのおしえがこれから徐々に説かれようとしているところ、といったほうがいいかもしれません。ともかくも舎利弗につづく四人の弟子たちが、仏の説かれたことをさとって、長者窮子のたとえ話をしたわけです。自分たちは本来仏の子であるのに、それに気づかなかったと。仏の慈悲のこころがわからなかったと。窮子の喜びのこころのように、自分たちもまた「不求自得」の喜びをもつことができたと。

長者と窮子の親子は、初めから親子なのに、それを窮子のほうが気づかなかったわけです。このことを、すべての人にわからせようとして、お経には次つぎと工夫がこらされていきます。以下章がすすんでゆくにしたがい、「成仏」の意義が理解されてゆく層がふかまりをみせ、仏によって授記《じゅき》（仏になること）が与えられていきます。女性への授記、悪人への授記などは、仏教経典のなかにもただ「法華経」にのみ説かれるところです。

例外なくすべての人が仏になるということは、この世のすべての衆生・人々は平等だということをあらわしています。同じことを説かれても、すぐにそれを理解する人もいれば、なかなか理解できない人もいるのがこの世というところで、理解できにくい人々にはもどかしさも指摘されはするのですけれど、最終的にはすべての衆生が仏になるのです。仏教教理はここに極まったといってよいでしょう。

一雨所潤《いちうしょにん》（一雨の潤すところなり）　薬草喩品

人間はいったい何処からきて、何処へ行こうとしているのでしょうか。人がこの世に誕生したとき、いやおうなく彼は地球人となり、その生命が尽き果てるまで、この世に肉体をさらけだします。白人も黒人も黄色人種もなく、あるいは男や女の別もなく、さらには宗教のちがいや国籍に関係なく、数しれぬ人たちが、おなじ道に立ち、同じ道を歩んできました。

四十六億年前に地球が誕生し、生物は二十五億年から三十億年前に海で誕生したといわれています。それ以来、背骨のない動物（クラゲ等）—巻き貝—魚類—両生類—虫類—恐竜と次つぎに誕生し、それらがその時々の王者として地球を支配しました。やがて恐竜も絶滅し、地球に四季の変化ができ、植物がおいしげるようになりますと、草食動物が誕生し、二千五百年前になるとほ乳類が誕生します。ここでやっと類人猿の誕生を迎えます。

人類のもっとも古いとされる現生人類の祖先とされるホモ・エレクトスいらい、人間は他の動物や植物たちとほとんどかわらぬ大自然のなかで生き死にをくりかえしてきたということができましょう。宇宙の歴史というより、地球の歴史のなかにおいてさえ、人間の歴史なんて、ほんの微塵の間だということがわかり、骨身に染みます。

人間には優れた頭脳や技術があるため、それを過信し、自分たちにできないものは何ひとつないと、うぬぼれているかもしれません。また自分たちには自分たちの意志があると考えているかもしれません。でもそれを心底断言できる人は、どれだけいることでしょう。

雨も雪も晴れの日も、すべて人間たちが左右できるものではありません。気象衛星によって、ある程度の天気予報は可能になりましたが、それは万能ではありません。世の中には地震もあれば台風も、予想のつかぬ災害も次つぎと起きています。それらを克服しようとする人もありますが、また自然のままに生きようとする人々もあります。思想的には西洋は前者にちかく、東洋は自然に身をゆだねようとしてきました。これから先のことを考えますと、ここは東洋的なものの考えかたによらなければ、人類はおろか、地球そのものも滅亡しさるのではないかと危惧されるのですが、どうでしょう。

釈尊のさとりの根本には宇宙全体をつつむおおきな世界の拡がりがあります。人間たちもまた、大きな自然のうてなのなかで、他の一切のものと共に、ただ生かさせていただいているだけにすぎません。意志をもって生きるのではないのに、しかも意志をもって生きる存在です。存在とはもともと矛盾的なものです。だから私たちは、宗教を必要とします。釈尊のさとりをおのがものとしていく努力こそが要請されるところです。すべてのものに感謝し手をあわせることは、自分もまた人さまによって感謝され手をあわせていただく存在だからです。共生こそはこれからの人類のキーワードになっていくにちがいありません。

宿世因縁《すくせいんねん》（宿世の因縁）　授記品

最近の新聞紙上で気になることのひとつに「お見合い結婚」広告があります。結婚といえば圧倒的にお見合いが多数を占めていたのは昭和四十年代までで、それ以降は恋愛結婚でないと結婚の意味がないといった風潮になりました。そのながれがここにきて元に返ろうとしているということなのでしょうか。恋愛結婚は男女の一時の感情の高まりだから、見知らぬ男女が結ばれて共同生活をしていくのには、むしろお見合い結婚のほうがいい、という判断によるものなのでしょうか。もちろん「お見合い結婚広告」は、これとは別の理由によるものかもしれませんが。

結婚が見合いであれ、恋愛であれ、見知らぬ男女が結ばれ、ひとつ屋根の下で暮らし、子をもうけて一家をなしていくわけですが、こうした一つひとつの出来事にたいして、それはすべて偶然のなせるわざだと現代人は受け止めているかもしれません。

仏教の考えかたは、この現実は、いきなり降って涌いたように出来上がったものではなくて、遠いとおい過去の世からの因縁によって、結合したのだと考えるところにあります。「宿世因縁」ということばはその代表的なものです。最近、このようなことばをあまり使わなくなったということは、仏教思想が日常生活とかけ離れた場所へいってしまったからでしょうか。「宿世因縁」という、おくゆかしく、雅でしとやかなこのことばは、日本古来の宗教観あるいは世界観として、文学や宗教の世界ばかりではなく、一般市井の生活のなかにも、ひろくふかく浸透していたものでした。

何かことが起きると、これは因縁だ、宿縁だ、合縁奇縁だと、ごくふつうに使われてきました。昭和四十年代までは、日常いきいきと使われていたことばのひとつではないかと思います。いまのこの筆舌に尽くせぬ苦しみは、遠いとおい過去の世界に、つくられた業のしわざだとみるのです。急にでてきた結果ではないのだと、これは悪いことにもよいことにも使われました。

それはさらに、自分ばかりの運命としてでなく、他との関係、たとえば夫婦や親子のあいだがらさえ、ふかい過去世の縁によってむすばれたものとみました。「二世の契り」ということばもありますように、夫婦は来世までもつづいていくといった考えかたです。結婚だけではなく、子供の誕生なども、前世・現世を経て、過去からずっとつづいてきて、今があり、さらにこの今はこの後にもつづいていくという世界観がそこには横たわっています。子はセックスによって誕生するのではなく、親子関係もまた因縁のしからしめるものだと信じる世界です。

仏教思想のここは基本です。自分がひとりだけで生きているのではない。かならず他との関係において生かされているとみます。そこから、いのちはこの世かぎりのものではないという思想もでてまいります。これは仏教の大きな根幹をなしている思想です。その復権を私たちはなんとしても目指さなければなりません。

三悪道充満《さんあくどうじゅうまん》（三悪道の充満せり）　化城喩品

いま日本は「混沌」ということばがもっとも適当ではないかと思われるような時代相のなかにあります。伊藤整（一九〇五〜一九六九）がかいた『氾濫』は昭和三十三年公刊された小説ですが、その頃をひとつの分岐として、日本の社会に大きな氾濫が渦巻いていきました。

歴史的に過去をふりかえってみますと、末法《まっぽう》到来近しといわれた平安時代末期に、現代とおなじような現象が日本全土を覆ったことが思いだされます。当時の人々は仏教のおしえが廃れきり、無仏の時代にはいると信じました。無仏の時代とは、仏教を説いた釈尊の存在が影と化していくことを意味しています。無仏の時代にはいりますと、世はまさに「三悪道充満」とお経に説かれるままの、悪・悪・悪の様相を呈するにいたり、まさに混沌とした世の中になっていくと、人々は恐れたのでした。小説『氾濫』どころではないという恐怖です。

三悪道とは、地獄・餓鬼・畜生という悪の権化《ごんげ》のような世界を指します。いかり・むさぼり・おろかの充満する、どうしようもない世界です。無仏の時代にはこういう類の人々で世はおおわれてしまうとお経では説かれています。末法とはそういう時代的様相をしめす時だとも。

この救われようのない悪世になったとき、じつは仏は世におでましになると説かれるのが『法華経』です。無仏になった時代に仏がでてこられるというのですから、これはありがたいことです。この「三悪道充満」の句のあとに「今仏出於世」とつづいていて、かならず仏は世におでましになられるのだと力強く説かれています。

末法到来近しといわれた平安時代末期、この救われようのない時代相をしめしたとき、日本人はどのように対処したのでしょうか。人々は『法華経』を信じつつも、浄土経典に説かれる極楽のほうを選択するようになります。浄土経典で説かれる極楽世界には、三悪道がないというのですから、そのような悪のない清浄な世界があるのなら、そこへ逃避してしまったほうが賢明だと考えたわけです。

たしかにそれも一理あるところで、末法という救われがたい時代にあっては、もはや現実世界に未練をのこすよりは、あっさりと極楽へ往ってしまったほうが捷径だと受け止めてもおかしくはありません。実際『阿弥陀経』に説かれている極楽のさまは、まさに桃源郷の世界です。そのような桃源郷があるなら、みんな往ってみたいと考えることでしょう。当時の念仏の流行は、まさに時代的要請に応えるに充分なものをもっていたと考えられます。

『法華経』はしかし浄土経典などとちがい、現実を改革してこの世に仏の世をつくろうと主張します。あの世へ逃避してしまっては、結局もともこもなくなるではないか。無仏の世こそ、この世に仏を仰ぎ、改革路線を歩んでいくべきではないのか。いまこそ『法華経』の出番ではないのかと、力強く宣言するのです。

教化衆生《きょうけしゅじょう》（衆生を教化す）　五百弟子受記品《じゅきほん》

正立寺の寺報として発行しています『サットバ』（sattva）の日本語訳は「衆生」です。この世に生きとし生きるすべてのもの、という意味です。人間だけを指して、この語が使われることはないということは、仏教のおおきな特質といえます。仏教はけっして人間中心ではないということです。

動物が衆生の範疇にはいるのなら、植物もいれるべきではないかと考えたいほどです。植物もまた自ら生きていこうと踏ん張っていますもの。ものを言わぬから、意志がないから、痛みや辛さがわからないからという理由だけでなら、多くの動物たちも、植物たちと五十歩百歩というところではないでしょうか。意識のなくなった病人に対して「植物人間」ということばが使われていますが、このことばは植物にたいして何と失礼な言い方かと、私は憤慨します。

仏教では衆生は迷いの存在と説かれます。迷いの存在ですから、放っておきますと、どんどん迷いの淵に沈んでいきかねません。衆生をなんとかして救いださねばなりません。『法華経』に「衆生」という語が三百三十三回も使われているのは、このことをふかく認識すべきことを示唆しています（ちなみに浄土経典は『無量寿経』に四回使われるだけです）。

『法華経』に「衆生」という語が多用されているということは、この経典がいかに衆生とのあいだがらを大切にしているかを示すものですが、それは同時に、迷いの世界から覚りの世界へと導いていきたいという釈尊のこころの表出でもあるわけです。

この「教化衆生」という語のでてくる「五百弟子受記品」では、説法第一といわれる富楼那《ふるな》にたいする授記《じゅき》（未来にはかならず仏になるという釈尊のおすみつき）が説かれているところですが、そこにおいて釈尊は、富楼那はけっしてこの世において説法第一であるばかりではなく、遠いとおい過去世より、長い間にわたって説法第一の地位を貫いてきたのだと説かれます。今という歴史的時間が、永い空間を超越して、永遠のなかで生きていくというのであります。授記というものは、そのような世界のなかで厳粛におこなわれるものです。

「サットバ」の翻訳は「衆生」ですが、その原語は「ボディサットバ」（bodhisattva）で、「菩薩」と訳されます。「ボディ」は「菩提」と訳されますから、菩提を求める人が菩薩ということで「ボディサットバ」となるわけです。

『法華経』で菩薩行が説かれるということは、すべての人は本来「仏」であるにもかかわらず、たいていの人はそれに気づかない。宝珠を胸のなかに持ちながら、それに気づかないのが私たちですから、ここはどうしても菩薩行の実践を推進していかねばならないわけです。それによって本来の自分というものに気づかされます。それは富楼那にかぎったことではありません。というより、すべての人に通じていくというところに『法華経』の眼目があるということです。

寿命無有量《じゅみょうむうりょう》（寿命は量りあることなし）　授学無学人記品

ふつう「いのち」といえば、この世にいる間だけのことと考えられています。肉体があっての私たちのいのちなのですから、死と同時にいのちが消滅してしまうというのは、唯物論にたてば、うなずけるところかもしれません。たしかに最愛の妻、最愛の子を亡くした人の心は、他人にわかろうはずもありません。どのような慰みも、声掛けも、一時的のものでしかなく、ほんとうの慰撫にはならないにちがいありません。

私はここに宗教的思考の大切さを、つくづく考えないわけにはゆきません。宗教は単にモノをモノとはみません。モノの裏側に隠れていて、肉眼ではみることのできない世界の存在を「有り」とみるのが宗教的視野にたつということ。

いのちは限りなくつづいていくものと信じます。肉体としてのいのちが亡くなっても、それですべてがおしまいになったとは考えません。いのちは永遠につづいていくものととらえますと、亡くなった人も、別の世界で生きのびているのだと納得できます。いいや、それは一時的な慰撫などではないのです。現実に霊は生きていると信じるのであります。

この場合「生」と「死」を直接つなげて考えないことが重要ではないかと思います。いのちは「生」と「死」を超越した、ひとつのものととらえるわけです。生と死は、表面的には一本の太い線で隔絶されたもののようですが、それは一面的なみかたです。生と死とは、一本の太い線のうえでくっついているのです。面の裏表ととらえればいいでしょう。

「寿命無有量」という句は、仏弟子阿難が、未来の世において仏となるであろうと予言（授記）されたとき、釈尊が与えた言葉としてでてきます。

寿命に量《はかり》あること無きは　衆生を憐れむをもっての故なり　正法《しょうぼう》は寿命に倍し　像法《ぞうぼう》はまたこれに倍せり

自分のいのちは自分だけのものではありません。いのちは自分のものであると同時に衆生（人々）のいのちと共有したものであり、さらには仏法という法のなかに生きつづけるものと信解します。とても大きな世界観です。そのような大きな世界観のうえにたちますと、逆に宇宙の大生命のなかに生きつづける小さな私たちのいのちが、こよなく大きく映るではありませぬか。思わず肉体を抱きしめて、いのちの尊さをしみじみ感じないわけにはいかぬではありませぬか。自分は自分だけの存在ではない。多くの存在者のなかの一員としてのいのちだとさとるとき、最愛の妻との別れもまた、ひとつの現象としてとらえることができましょう。

「どうして人を殺してはいけないか」ということが社会問題になったことがありますが、この問題は右の仏教の説に耳を傾けるとき、一気に解決してしまいます。仏の世界とは自分も他人もなく、いのちを大切にする世界にほかなりません。

法華経《ほけきょう》　法師品

『法華経』という経典の本題は「妙法蓮華経」。梵語の「サッダルマ・プンダリーカ・スートラ」(Sa-ddharma-pundarika-sutra)の訳。この経典を読んでいてとても不思議なことは、経典中に『法華経』という語がいくどもでてくること。法華経二十八品のうち、次のようにでてきます。序品→3回、譬喩品→2回、化城喩品→3回、法師品→16回、見宝塔品→8回、提婆達多品→3回、安楽行品→8回、分別功徳品→1回、随喜功徳品→4回、法師功徳品→2回、常不軽菩薩品→5回、嘱累品→1回、薬王菩薩本事品→10回、妙音菩薩品→2回、陀羅尼品→4回、妙荘厳王本事品→6回、普賢菩薩勧発品→8回。でてこない章のほうが少ないのです。『法華経』は自分自身を語る経典ということができそうです。

右にしめした回数のなかでもっとも多いのは「法師品」ですが、そこではどのようにこの語が使われているか調べてみますと、まず『法華経』を説く法師がいます。このことは『法華経』が、すでに過去世に存在していたことを示しています。過去世に『法華経』を説く法師がいて、その過去世に存在した『法華経』が説かれた。つまり『法華経』の前に『法華経』があり、その前にも『法華経』があるという二重三重四重、否それ以上にわたる重層形態をもって『法華経』は説きつづけられてきたというのです。

「化城喩品」には三千塵点劫という、とてつもない時間の単位が示され、過去世というときがいかに永い時間であるか、克明に説明されます。「常不軽菩薩品」には不軽菩薩が、過去世のあるときに『法華経』を聞いて六根清浄を得たのち、さらに人々のために説き、滅後においても説きつづけたとでてきます。過去世のその前にも過去世があり、その過去世の前にもなお過去世が存在するという、途方もない永い時間にわたって『法華経』は説きつづけられてきたのです。

『法華経』を信仰する人々の長いながい列が、幾億世代にもわたって連綿としてつづいてきたわけですが、では、もっとも最初の『法華経』はいつ頃なのでしょう。それは『法華経』には説かれていません。なぜか。過去世のさらなる過去世のそのまた過去世ということは、つまり永遠の過去世といってよい長大な時間です。その過去世の一時一時の時々に『法華経』は説きつづけられてきた。『法華経』はその姿を経典のなかに一々記しています。

つまり『法華経』はいきなりこの地上にあらわれたのでなく、過去のまた過去よりずっと途切れることなくつづいてきた信仰者の群れが、今なおつづきつつあるというわけです。

このことを日蓮聖人は「四劫をいでたる常住の浄土」と表現されています（四劫は一八四ページに解説しました）。四劫をでる世界とは、永遠の過去から永遠の未来にわたっているということにほかなりません。

「そのとき」というのは、だから宇宙原初のときよりです。大宇宙を尽ききったところに存在する真実こそは、『法華経』のるる訴えるところ。この世の、というより、この宇宙存在の真実そのものの姿であり実相です。

授記《じゅき》（記を授ける）　授記品

仏教の目的とはなにであるのかという問いは、大変にむつかしくて、なかなかひとつにしぼりきることはできないかもしれません。しかし人の成仏《じょうぶつ》——仏になるというテーマは、私たち人間にとって、もっとも関心のあるところではないでしょうか。人はいつかかならず死にます。そのとき私たちが願うのは「成仏」です。大乗経典における主要なテーマが、ここに置かれたことは納得のゆくところです。この成仏ということは、仏の立場からでは授記です。

浄土経典『無量寿経』においては、世自在王仏《せじざいおう》の時代、法蔵《ほうぞう》比丘が修行によって、阿弥陀仏という仏になったと説かれています。経典をくわしく調べてみますと、浄土経典類のなかでは「授記」ということばは『観無量寿経』に三回でてくるのみで、『阿弥陀経』と『無量寿経』には一回もでてきません。「作仏《さぶつ》（仏になる）」も『観無量寿経』に一回でてくるだけでした。

それとの比較において、おなじ大乗経典である『法華経』には「授記」は二十二回、「成仏」は五十四回、「作仏」は六十五回でてきます。『法華経』がいかに「成仏」「授記」あるいは「作仏」を強調しているかが、一目瞭然です。

『法華経』における「授記」について、もうすこし詳細に調べてみますと、これがじつに順序だてて説かれていることが判明します。一定の秩序にもとずいて、その儀式はおこなわれていくのです。

かいつまんでこれを申しあげますと、まず釈尊第一の弟子である舎利弗《しゃりほつ》が授記をえます。つづいて舎利弗につづく大弟子と目されている目連《もくれん》・須菩提《しゅぼだい》・迦葉《かしょう》たちが授記をえていきます（一八八ページの「不求自得」を参照）。さらに富楼那《ふるな》がこれにつづき、さらに千二百人の阿羅漢《あらかん》たち、五百人の阿羅漢たちへの授記とつづきます。釈尊の侍者として有名な阿難《あなん》や釈尊の実子の羅睺羅《らごら》などはこれにつづき、これらの人たちがやがて授記をえていく様子が刻々とお経のなかで説かれていきます。そして最後には、龍女にことよせて、女人たちのことごとくが、さらには提婆達多《だいばだった》のような悪人までもが授記されると説かれます。

『法華経』はまさに成仏のお経です。すべての人の成仏を説くお経です。それらの様子が巧みな比喩をつかいながら、次つぎと説かれていくさまは、読んでいてここちよく、感動させられます。これは、自分のような迷いの存在である凡夫でも、成仏の仲間入りができることを示したものです。『法華経』に縁のあった人はことごとくそのなかにはいっていくことができ、成仏することができるということになります。

古来『法華経』が尊いといわれるのは、こうしてすべての人々の成仏が可能とされるところにあります。私としては、世の中のすべての人々が『法華経』世界にはいってゆかれることを願わずにはおれません。

皆是真実《かいぜしんじつ》（皆これ真実なり）　見宝塔品

お経にはさまざまな種類があります。種類がさまざまあるということは、そこに説かれる意味あいも異なっているということになります。具体的にこのことを示しますと、「真実」ということばは、たとえば浄土経典では次のように説かれています。

もろもろの閑《げん》と不閑《ふげん》とを済《すく》ひて、真実の際を分別し顕示す。（無量寿経）

恵むに真実の利をもってせんと欲してなり。（無量寿経）

（聞くひとは）清浄・離欲・寂滅・真実の義に随順す。（無量寿経）

観世音菩薩の真実色身を観ずる想とする。（観無量寿経）

「真実」ということばは、このように浄土経典類におきましては、普通一般のことばとして使用されていることがわかります。ところがおなじ「真実」ということばが『法華経』で使われますと、なかなか深い意味をもってくることがわかります。

浄土経典類では右に引用した四句ですべてですが、『法華経』のなかには十二回使用されています。それらのなかにはたとえば「方便品」にでてくる「世尊は法久しくして後まさに真実を説くべし」という、重要な語も含まれています。「真実」という語に託された釈尊の心を、私たちはすなおに受け止めなければならないところです。

「皆是真実」という語は、虚空会《こくうえ》説法のはじまろうとするとき、いきなり空中の多宝塔から多宝如来のことばとして発せられるものです。ひじょうにドラマティックな場面であり、私たちをいきなり宗教的な世界へといざないます。釈尊の言葉に嘘いつわりは一切ないのだという、この強い言葉に私たちは安心させられます。

右の虚空会説法について、ここですこし説明をくわえておきます。『法華経』は二処三会《にしよさんえ》といいまして、はじめの第一章は霊鷲山《りようじゆせん》の山上で説教がはじまりますが、第十一章の「見宝塔品」からは、多宝如来の要請をうけて釈尊が空中に舞い上がります。そこからは虚空上での説教というかたちになるわけです。それが第二十二章までつづき、それからはふたたび地上の霊鷲山説教にもどります。ということで、地上と虚空の二処において、合計三度、説教がおこなわれるところから、二処三会と古来呼ばれるようになりました。

多宝如来は証明仏といわれています。仏教経典には『法華経』のこの場面にしか登場されない仏さまですが、宗派に関係なく日本のあちこちに「多宝塔」が建立されているのを見かけられるでしょう（石山寺や東大寺戒壇堂内の多宝塔は有名です）。

釈尊の説こうとしている説教には何ひとつとして疑わしいところはない、すべて真実そのものである（「皆是真実」―「皆これ真実なり」）と証明されることによって、『法華経』の信憑性はいちだんと高くなるわけであります。

当得作仏《とうとくさぶつ》（まさに作仏すべし）　勧持品

けふよりの妻と来て泊《は》つる宵の春
夜半の春なほ処女《おとめ》なる妻と居りぬ
枕辺の春の灯は妻が消しぬ
薔薇にほふはじめての夜のしらみつゝ
湯あがりの素顔したしく春の昼

列挙したこれらの俳句は日野草城の「ミヤコホテル」連作のうち。俳句は、このような結婚初夜の情景をかくもしらじらと描くことを可能にしました。男も女も、結婚によって性の悦楽（エロス）になだれこんでゆくのです。

そのいじらしい妻を捨てて修行の旅にでたのが釈尊です。その妻・耶輪陀羅《やしゅだら》との間には羅睺羅という息子もできていたが、釈尊は妻ばかりか、その羅睺羅さえも捨てて仏道にたちました。最愛の妻子を捨てて十二年間におよぶ修行を終えたとき、仏教の成立への道が拓かれたのです。

これが一般におこなわれている仏伝ですが『法華経』には、釈尊の捨てた妻子、耶輪陀羅と羅睺羅が登場してきます。捨てられた二人なのに、なぜ登場してきたのか。父によって捨てられた妻子が、『法華経』においては仏教に帰依し、釈尊の弟子になったと説かれるのです。この妻子は父または夫である釈尊の弟子になり、「当得作仏」（仏になるであろう）と「授記《じゅき》」されます。

授記とは、将来かならず仏になるであろう、という釈尊の予言です。『法華経』を読みすすんでゆきますと、多くの弟子たちが次々と授記されてゆく姿がえがかれます。もっとも特徴的なのは、それまで悪人の代名詞として仏伝にしばしば登場してくる提婆達多。『法華経』にはこの悪人提婆達多までもが仏になると説かれるのです。同時に耶輸陀羅をはじめとする女性たちも、次々と授記されてゆきます。仏教のおしえが門戸を大きくあけたわけです。

仏教はもともと出家仏教として出発し、出家者だけのおしえとして存在したのですが、『法華経』は、出家者だけのおしえではなくて、およそこの世に生きるすべての人々が授記の対象になるということを示しました。耶輸陀羅の授記は「勧持品」にでてきて、「当得作仏」とありますが、他の箇所「譬喩品」「信解品」「授記品」「授学無学人記品」「法師品」「常不軽菩薩品」等々にもでてきて、おおくの人たちが順次、授記されてゆきます。

釈尊が最愛の妻子を捨てたのは、妻子への愛以上のものが存在することを覚ったからにほかなりません。妻子を捨てて仏教を開いた釈尊は『法華経』において妻子に記を授けるのです。捨てることによって、釈尊は世界の実相を獲得し、初夜のあのいとしい女性以上の存在が、この世にはあることを身をもって体現したといえばよいでしょう。

捨てる、あるいは捨てられる、それはより一層高い次元の境地が約束されるからにほかなりません。

髻中明珠《けいちゆうめいしゆ》（もとどりの中の明珠）　安楽行品

『法華経』には七つのたとえ話があり「法華七喩《ほっけしちゆ》」として古来有名です。「火宅」や「長者窮子」、さらに「三草二木《さんそうにぼく》」「化城宝処《けじょうほうしょ》」「衣裏繋珠《えりけいじゅ》」「良医治子《ろういちし》」等の話があります。それらのなかで「髻中明珠」喩は、もっとも短いものです。転輪聖王《てんりんじょうおう》（インド神話で、正義によって世界を治める理想的帝王）は、通常の戦功のあったものには恩賞を与えるが、髻《もとどり》のなかにただひとつだけもっている明珠（宝石）はけっして与えない。特別に大きな戦功のあったものにのみ与えるという話です。

「通常の戦功」は一般の経典のことを、「特別に大きな戦功のあったもの」は『法華経』をさしています。『法華経』が特別の経典であることを示そうとして、釈尊はこのような比喩を説いたのです。転輪聖王が自分のもっているもっとも大切な宝物を与えるわけですから、与えられた人もまた最高の人であるということになります。

『法華経』は釈尊最後の説法として説かれたわけで、いわば釈尊の、ひいては仏教経典中の遺言といってもいい位置を占めるのは、このようなところにも顕れているといえます。

日蓮聖人はこの譬喩を御遺文中に六回お使いになっておられますが、道元禅師もまた、この譬喩を『正法眼蔵』に二回引用されています。そのうちのひとつは次のようです。

大悟をまつことなかれ、大悟は家常の茶飯なり。不悟をねがふことなかれ、不悟は髻中の宝珠なり（「正法眼蔵・行持」）

これは、さとりというものは修行そのもののなかにあるのであって、大悟という特別な世界が別にあるわけではないということを示したものです。只管打坐ということばに代表されますように、禅師はそのために只ひたすらの座禅をおしえました。座禅を「家常の茶飯」（日常茶飯）と規定したわけです。

このあたりは日蓮聖人の法華経観ととても類似しているといえます。日蓮聖人は日常茶飯には、ただお題目を唱えなさいとおしえました。お題目は『法華経』の題目ですから、そこには宇宙全般の世界が拡がっているということができます。宇宙そのものといってもいい世界のひろがりがそこには拓けていくといえましょう。道元禅師は「家常の茶飯」と説いて、常に座禅を組みなさいとおしえました。かたや唱題、かたや座禅のちがいです。この両者のちがいは、しかし大変におおきいといわねばなりません。座禅によって獲得できる世界は自己を離れてゆくことはできません。そこには迷いの自己がついてまわると観じられます。ですから永遠の修行が課せられているといえます。日蓮聖人のおしえられた唱題もまた永遠の修行を説きますが、唱題は自己をも超越した世界のなかの安住です。そこに拡がるのは成仏―仏になるということになるでしょう。

「髻中明珠」は唱題する人のなかに自ずと拓けてくるというわけであります。

勤行《ごんぎょう》精進《しょうじん》（ごんぎょうしょうじん）　従地涌出品《じゅうじゆじゅっぽん》

この世に生を享けることに、何か意味があるのでしょうか。生きものは平均寿命のあとさきが来れば、否応なくあの世に往きます。死はだれも避けてとおることができません。リビアのカダフィ大佐は、その死の直前に銃を向けられたとき「撃つな」と言ったと伝えられます。独裁者として、したい放題した人にも、最期は訪れました。

生命というものの意味づけについて、ここはどうしても仏教的な生き方を、胸の奥に置くことの重要さを考えます。お経に「勤行《ごんぎょう》」とあり「精進《しょうじん》」とでてきますが、これに尽きるといってもいいのではないか。仏になるという大目的にむかって歩む。歩みつづける。

この際、生命というものは肉体だけではないと覚らねばなりますまい。魂の存在を信じなければ、真の生命観にたどり着くことは不可能といってもよいのです。

「勤行精進」ということばは、仏が真実のこころのうちを吐露された「如来寿量品」の、その前のお経である「従地涌出品」において、仏の久遠劫《くおんこう》（昔々のそのまた昔）いらいの弟子衆（具体的には上行《じょうぎょう》菩薩をはじめとするガンジス川の沙《すな》ほどの数の弟子衆）が、長い永い間、修行に修行をかさね、今、やっと地から涌きでてきた、という場面にでてきます。その長い永い間ということは、魂の世界といってもいいでしょう。魂の世界のなかで、これらの弟子衆は修行に修行を重ねつづけてきたというのです。その修行の内容が「勤行」であり「精進」であったのだと。

つねに勤行し、つねに精進する世界。このことばのすぐあとには「いまだかつて休息せず」とありますから、久遠劫という長い間にわたって、これらの弟子衆は休みをとることもなく、勤行し精進されてきたというのです。日本もかつては休日は一日と十五日だけだったという期間がながくつづきました。それが今は一週間に一度は休みをとるというのが当たり前になりました。休みそのものは活動するために必要なものではあります。けれども、果たして人生に休みはあるでしょうか。身体の機能に休みはありません。休日だといっても、心臓はもちろん胃も腸も肝臓もみんな働いてくれています。それらの臓器がもし一瞬でも休もうものなら、肉体としての生命はそこで終末を迎えます。

仏教的な人生とは、まず第一に休まないということ、第二には肉体が亡んでも魂はありつづけるということ。その魂にも休みがないということ。生の終焉は死ですが、その死から次の生に至る魂のあいだも、大切にするということ。ひとつのしごとが終われば、そこを土台にして次のしごとに移るわけですが、それと同じように、生と死の間が間断なくつづいてゆく。それがすめばさらに次へと移行してゆく。終わりのない世界!

ここまで考えてきて思ったのですが、以上のことは私が言ったはずですが、これがそのままそっくり私に向かって言われているようです。だって一日たりと勤行をさぼることはできないのが寺の住職というものです。住職さんたちは日々黙々と勤行し、日々精進なされています。

常住此説法《じょうじゅうしせっぽう》（常にここに住して法を説く）　如来寿量品

芭蕉に「夏炉冬扇」ということばがあります。夏の炉と冬の扇ということで、時機にあわない無用の事物をたとえたものです。俳句は「夏炉冬扇」と断定しながら、芭蕉は死の寸前まで、作句しつづけました。

「夏炉冬扇」の本義について考えてみます。人はもともと前をみて進むという性格をもっています。人生がそういうものという前に、生きるということそれ自体がそもそものようなものではないか。宇宙はビッグバン以来膨張しつづけているといいますが、その宇宙のなかに存在するものはすべて、膨張しつづけているわけです。地球も、地球上に棲んでいる生きものもすべて前進前進また前進。終わりなきものが、この世であり、この地球。宇宙の実相はそこに存しているといってもよいでしょう。百パーセント、後もどりはできない。

人は目標をもって歩みはじめますが、目標が達成されると、次の目標を設定し、いつまでもストップはしません。次にたてられた目標もまた、次の目標の出発時点にしてしまいます。終わりがないということは、永遠に完成というものがないということ、つまり未完成です。宮沢賢治が奇しくも発言している「未完成の完成」ということば。

この点についてもうすこし考えをすすめてみますと、死ねば終わりになるという考えかたに遭遇します。肉体がほろんでしまえば、すべては無に帰してしまうという考えかた。しかし宗教的には死にさいしても、なお前進しつづけるのです。「永遠の未完成の完成」の世界。どこまでも「未完成の完成」なら、努力する必要はないととらえるか、いや次の目標にむかってゆかねばならぬと受けとめるか。「未完成の完成」なんだから、いつまでたっても完成なんかないとあきらめてしまうとき、世の中はそこで止まってしまうでしょう。「未完成の完成」だけれど、なお完成にむかってゆくこと、そこに人生究極の目標があるととらえる。

芭蕉が「夏炉冬扇」といいながら作句しつづけたのは、このことをいっています。お経に「常住此説法」とありますこともまたこのことを指したものにほかなりません。宗教の世界においては終わりがありません。私たちとしては、芭蕉のこの宗教的、仏教的精神を、おおいに学ばねばならないところです。

要するに三世の思想をくっきりと自分化するということ。輪廻といってもよいし、永遠生命といってもよろしい。終わりのない旅、それがこの世というもの。この三世の思想を否定するとき、人生はただこの世に生きている間だけのものという、きわめて狭小な世界のなかに閉じこもってしまいます。死んでしまいというのでは、未完成のままでいいということになってしまいかねません。芭蕉が「夏炉冬扇」といいながら、作句しつづけたのは、まさに仏教的真理を体得した人ならではの行為でした。芭蕉窮極の句境である「かるみ」の本質もまたそこからでてゆくことになります。

雖《すい》近《ごん》而《に》不《ふ》見《けん》（近しといえども見えざらしむ）　如来寿量品

釈尊は八十歳で入滅されましたが、お経によりますと、仏の寿命は永遠のいのちをもつと説かれています。それは仏だけではない、私たち一人ひとりも、みんな永遠のいのちをもっていると。肉体が滅してもいのちの灯は燃えつづけると。

肉体は目にみえますから、親近感があるのですが（逆に敬遠感もありますが）、精神または魂は目でみることができませんから、ついつい存在しないと受け取ってしまいがち。

しかしそんなことはけっしてない。お経には「雖近而不見」（「近しといえども見えざらしむ」）とでています。仏は近くにいらっしゃるのに、見ることができないのだと。

でも感ずることはできるのではないか。

たとえば道を歩いていて、ふっと目を横にむけることがあります。何の理由もなく「ふっと」です。するとそこに知り合いの人がいて、その人もこちらを見ているのです。これは、自分のほうが先にその人に気づいたのか、その人のほうが先にこちらの存在に気づかれたのか、それはわかりませんが、ともかくそういうことは、日常よくおきることではないでしょうか。

あるいはまた、とんでもないところで、ふと視線を感じてそちらをみると、そこには知人がいるのですが、その人はそのまま後ろ姿をみせてとっとと人混みのなかへ消えてゆくという体験。自分も会いたくない場所での遭遇ですから、その人もおなじ気持ちであったにちがいない。だからこちらの存在に気づきはしたものの、顔をあわせることなく、すれちがってしまった。

映画や小説の武士の登場する場面で、「殺気を感じる」といったこともあります。これなんか相手の素性などまったく知らなくても、相手が殺意をもっていることが、おのずと伝わるということなのでしょうね。

たしかに「気」というものはあるのです。私たちは肉体によって生命を保持しているのですけど、生はけっして肉体だけで構成されているわけではない。むしろ肉体を支えている精神のほうが重視されるべきではないか。安倍首相を好きという人もあれば嫌いという人もある。それは政治がらみのことだけではなく、演説や発言にたいする内容よりも以前の問題として、虫が好くとか好かないといったことがある。

その「虫」とはなにか。『広辞苑』には「潜在する意識。ある考えや感情を起こすもとになるもの。古くは心の中に考えや感情をひき起こす虫がいると考えていた」とでてきます。「古くは」とあるのですが、これはけっして古い時代のことではなくて、今日にもじゅうぶん通じるものではありませんか。

虫がいい↓自分勝手でずうずうしいこと
虫の居どころが悪い↓きげんが悪く、すぐに腹を立てること
虫も殺さぬ↓おとなしいようすのこと
虫の息↓今にも死にそうなくらい、かすかな息

大きな世界です。「わが浄土は毀れず」というのです。

「浄土」は、ふつうには仏の安住したまう世界を指して「浄土」ととらえられがちですが、さらには、そこに住む人々をも包むもの、と解さなければなりますまい。仏さまだけがぽつんと住まわれていても、それは浄土の意味をなしません。仏さまも私たちも住んでこその浄土です。そのような浄土はけっして毀れることがないというのです。「毀れることがない」とは、いったい何を意味しているのでしょうか。「つぶれる」は『広辞苑』に次のようにでています。

（1）おされて原形がくずれる。ひしゃげる。（2）役に立たなくなる。使えなくなる。（3）すれて減る。角が丸くなる。（4）ほろびる。絶える。破産する。（5）そこなわれる。なくなる。（6）時間が費やされる。（7）酔って正体がなくなる。酔いつぶれる。

右の説明によると、つぶれるとは、要するに何もかもなくなるということ、無に帰すということです。「わが浄土は毀れず」と説かれる法華の浄土は、だからけっしてつぶれることがないというのです。

この世界には迷いも苦しみも悲しみも、そしてまた喜びも楽しみも嬉しさもあります。それらの状態に終わりがないというのです。世の喜怒哀楽のすべてが水泡に帰してしまうことなく永遠につづいてゆく世界。法華の世界とは、そのような絶対的な境地です。つぶれない世界。永遠に

我浄土不毀《がじょうどふき》（わが浄土は毀《やぶ》れず） 如来寿量品

存在してゆく世界。

一般に浄土というと、浄土三部経が思いだされますが、『大無量寿経』には

広くために諸仏如来の浄土の行を敷演したまへ

浄土の菩薩の智慧は大海のごとく、三昧は山王のごとし

とあり、『観無量寿経』には

あまねく浄土のもろもろの声を聞くに、もっぱら甚深の第一義諦を説く

などとでてきます。

浄土経典には浄土のありさまがこのように説かれています。これら浄土経典ではそこでストップしています。極楽浄土の世界を説くのならば、それで充分というわけです。『法華経』にも同じようなことが「五百弟子受記品」や「法師品」にでてきますから、浄土のイメージとしては、浄土経典と『法華経』との間には、それほど異なった説きかたがあるわけではありません。けれど「わが浄土は毀れず」とでてくるのは『法華経』のみです。つぶれない世界。これをあなたは信じられますか？　死んで死なない世界です。人生にとって死が最期だと考えている人がいるとすれば、それはちがう。生命に終焉はありません。生きつづけてゆく。死のない世界。諸行無常ですから肉体の滅びはあるでしょう。でも生命の本体に死はないとさとる。

寿命《じゅみょう》無数劫《むしゅこう》（寿命は無数劫）　如来寿量品

前に「わが浄土は毀れず」とありましたが、この経句のすこし後にでてくるのが「寿命無数劫」です。『法華経』とは死んで死なない世界、世界が永遠につづくことを説いた経典だと。「だって寿命ってあるじゃん。人はいつかかならず死ぬじゃない」

そんな反論でたたみかけてくる人があるとすれば、それは迷っているのです。命の本質がどういうものかわかっておられない。これをよく知りえた人、それこそは覚った人です。

人というものは、ふつうには自分が生きていると思っています。自分が息をし、ものを食べ、仕事をし、適当にあそび、人を愛し、みんなと楽しく暮らし、子や孫の成長をよろこび、そして死んでゆく存在。それが人というもの、人の一生と思っています。それはしかし一面的なみかたといわなければなりません。死んで死なない世界というのは、表面的にみえる肉体的な相にこだわっていてはどうしても見ることがかないません。もちろん死というものはあるでしょう。肉体は一度亡べば二度と蘇生することはありません。でもそのような肉体のみの存在に拘泥していては、ほんとうの世界、真実の相を見ることは、どうしてもかないますまい。

そこのところを仏教では「諸法無我」と断をくだしました。自分という「我」はないというこのおしえは、三宝印のひとつに数えあげられている仏教の根本思想です。

右の事情をどのように説明すればわかっていただけるかと考えていたとき、『宇宙は何でできているのか』（東大・数物連携宇宙研究機構長、村山斉著）という本にヒントが隠されていました。私たちが生命を維持しているこの地球、この地球をふくむ宇宙は、百三十七億年前に、ビッグバンによって誕生したことはよく知られています。この本によりますと、宇宙は誕生してより以来、膨張しつづけ、留まることのない運動を展開しているといいます。宇宙にはおわりがない、つまり死がないというのです。死んだと思っても、ふたたび生き返る世界、それが宇宙の真実だというのです。

この場合、ひとつの個体だけをみていると真実から遠ざかってしまいます。自分のことしか視野にいれない人は、死はどこまでも死だと認識してしまいます。そうではなくて、自分は生かされている、自分の生命は他との関係によって存在しているのであって、自分はどこまでも生かされているのだと覚りますと、こんどはその自分が他のために生きているということになるでしょう。自分は他のなかに生きているとすれば、他からみれば自分もまた他のひとつになってしまう。

生命の糸は百三十七億年前、いやもっともっと前からつづいてきました。お経に説かれているように「寿命無数劫」です。だから死んで死なない世界は厳然としてあります。というより、こうした見方こそは真実相といわねばなりますまい。よろしいですか、死だけに拘泥しなさんな。もっと広い、もっと深い、もっと厚い世界が、確実に拡がりをみせて存在していることに気づいてほしい！

久修業所得《くしゅごうしょとく》（久しく修して得る所なり）　如来寿量品

死んで死なない世界は厳然として存在すると、書きました。このような世界観に到達するのに、私は今日までかかってしまいました。それは理屈や教理のうえでは理解し、納得もしていたはずですが、このことをわが身の全身にそれと了解し、ある種の覚りみたいな境涯に置くことができるようになったのは、つい最近のことです。そのきっかけとなったのは次の俳句です。

去年《こぞ》今年貫く棒の如きもの

高浜虚子七十六歳のときの句です。ゆく年くる年を、虚子はこんなふうに詠んだ。去年も今年もただ時間がふだんどおりに、いつものように動いただけです。ですけれど去年は去年、今年は今年です。去年と今年の間にある大きな壁。この壁を通過しないでは、今年という年を迎えることはかないますまい。ここを俳人虚子は「貫く棒」と表現したのです。本来は別のものであるはずの去年と今年が、一本の大きな棒で貫かれることによって、ひとつになってしまった。壁がすっきり取り払われてしまった。「貫く棒」とは、何ともつよい表現ではありませんか。この句が名句とされることになったのは、この表現が真実をついているからでしょう。

この「去年今年」を、「この世あの世」と考えてみますと、「去年今年」が棒によって貫かれるように、「この世あの世」も、断絶することなく一本の棒のようなもので貫かれているのではないのか。そのようにとらえてみますと、今を生きているのは、ただ、今を生きているだけではない、あの世にむかって生きているのだと信解できます。貫く棒こそは大生命の棒であり、あの世とこの世を貫いてゆく棒にほかなりません。

自分だけの命に拘泥していては、この状態を把握することはかないません。自分のいのちは大生命のうつわのなかに生かさせていただいていると理解しますと、このいのちはあだやおろそかに使ってはいけないということになります。

経には、また「久修業所得」とでてきます。いのちは仮りのものだからといって、安閑と日々を送ってはいけませんよ、というのです。久しい間、修行に修行を重ねなさいよ、というのです。でないと、真実の境地になんぞなかなか到達することはできませんよ、と。

ここが宗教と俳句のちがいといっていいかもしれません。俳句はただ思いなり考えを十七文字に表出させればことすみます。あとはどのように鑑賞されようと解釈をほどこされようと、それは詠み手の自由にまかされます。でも宗教はちがいます。かならずそこに修行というものが伴わなければならぬと説かれます。修行といってもそれは特殊な修行ではありません。生きていくこと、それが修行です。虚子の句は右のように仏教的にとらえなおすことができると思います。

お経にある「久しく修して得る所なり」は、人の一生は、この世の一生だけではないということを示しています。ずっと前からつづいてきたこのいのちの糸を、私たちは今というとき、継いでいる。これを次代に継いでゆく。「久しく修」すとはこのことを指しています。

仏語実不虚《ぶつごじつふご》（仏語は実にしてむなしからず）　如来寿量品

東日本大震災と名づけられた3・11の大震災。被災された方々にはこころからお見舞い申しあげ、お亡くなりになった二万ともいわれる御霊に対しては、ただ平安を祈るばかりです。そうした心情をかかえながら、ここでは仏教的な視点から、すこしく考えてみたいと思います。

お経には「仏語は実にしてむなしからず」とあります。仏教経典の説く真実には、けっして虚はないという意味です。聖徳太子もまた「世間虚仮《せけんこけ》　唯仏是真《ゆいぶつぜしん》」と書き残しました。現代は無信仰の人や唯物思想を信じている人がおおく見うけられますが、それはつまりモノ中心の思想です。聖徳太子的にいえば、世間の虚のなかに生きてゆくことであり、軸足を世間のほうに置いているわけです。

たしかに世界は世間という虚のなかに揺れているのが実状かもしれません。ですが、その裏側に確固として存在する仏の世界をみてみることの重要さが指摘されるべきではないか。それは虚を脱した世界、偽りとは無縁の真実の世界です。このような世界に安住していると、押し寄せてくる難を難とは受けとめはしないでしょう。くるものがきたという諦観のなかに、ただ有難く合掌するにちがいありません。良寛さんが「災難にあう時節には、災難にあうがよろしい」と発言した、この凄絶なことばの真実。それは何とも非情だし冷徹なみかたかもしれませんが、そこにある「唯仏是真」のほうを見てみたいのです。

私たちは何気なく「大震災」「大災害」といいます。しかし考えてもみてください。「震災」や「災害」ということば。これほど人間中心のことばもないのではないか。地震が起きれば当然被害がでますが、この「被害」は、こちら側（人間的立場）にたっての発言にほかなりません。天の側（宇宙的立場）からすれば、起こそうとして起こすわけではない。ただ自然発生的に起きる。それを人間のほうが、自分にふりかかる難ということで「災害」と呼ぶわけです。天からみれば、地震もまた自然発生の一コマというふうに考えてもよいのではありますまいか。

千葉の大本山鷲山寺の貫首を勤められた大塚日正上人が『難有って有り難い』という本をださされたのは平成二十一年でした。難というものを、人は向こうからやってくるものと思っているかもしれないが、けっしてそうではない。向こうからやってくると受けとめず、こちら側に難があるからだという逆転の発想をしてみると、むしろ難あることは、人に真実のこころを植えつけてくれるのではないか。「難あって有難い」ということは、「有難い」の逆よみです。逆がそのまま真という信仰世界があるということ。難を「自然のシッペ返し」（大塚上人のことば）と考えてみると、この世のすべての事象は自業自得ならざるものは何ひとつとしてありえないわけです。

日蓮聖人は『立正安国論』に、正法のない国には七難が起きると警告を発せられました。七難のなかには地震もはいっています。人が正しい法のもと、軸足をどこまでも仏の側におけば、難は起きてこないと断言された深い意味を、この大震災に際して、改めて自らに問い直してみる必要があるように思います。

父母所生耳《ぶもしよしように》（父母より生ずところの耳）　分別功徳品

『法華経』の「法師功徳品」には、この経をたもつ人には六根（眼・耳・鼻・舌・身・意）にわたる功徳があると説かれています。わたしたちの眼、わたしたちの耳は、すべて父母からいただいたものですが、その父母も自分の父母から頂戴しているわけですから、考えてみますと、六根はことごとく天から授けられたものということになります。

小生は古稀をすぎたころから難聴になってきました。病気というものはその病気になってみないと、ほんとうの苦しみを味わうことができないもので、難聴になってはじめて耳疾の人の苦しみがわかるようになりました。

俳人で耳疾の人があります。芭蕉の弟子の杉風《さんぷう》や大正時代の村上鬼城《きじよう》（一八六五〜一九三八）、昭和時代の阿波野青畝《あわのせいほ》（一八九九〜一九九二）などは、幼少のころより耳がよく聞こえなかったといいます。

かたくなに月見るや猶耳遠し　杉風

耳の遠い人の月見の状態です。

治聾酒の酔ふほどもなくさめにけり　鬼城

治聾酒というのは、春分にもっとも近い前後の戊の日に神に供えた酒を飲むと耳がきこえるようになるといわれる、そのおさがりの酒のこと。鬼城の句は、その治聾酒を飲んだけれど、酔うほどもなくすぐにさめてしまった。

虫の灯に読みたかぶりぬ耳しひ児　青畝

この句は青畝十八歳のときの句。難聴の子が一心に読書する姿。

これらの句には、耳疾がいかにつらいかということが、的確に表現されています。これら三人の俳人たちは一生、この重荷を背負って生ききりました。

障害は耳だけではありません。眼も、鼻も、足も、手も、身体全体にわたる障害をもっておられる人もおおぜいおられます。先天的にそれらの障害をもって生まれてくる人もあれば、後天的に障害者になられたという人もおられるでしょう。

ここは、先天的も後天的もなく、すべて「父母所生」つまり天が授けたものと解さなければならぬと思います。だれがわるいのでもない、自分がそういう生まれ合わせでもって、この世を生きてゆかねばならないのだという自覚。

考えてもみてください。男として生を享けるか、女として享けるか、のっぽの体質として享けるか、背の低い体質として享けるか、すべて自分ではコントロールすることのできないものです。人はおうおうにして「なんで自分だけが？」と不平をいいます。でも不平をいってもけっして好転はしません。

いまは健常者であっても、いつ障害者になるかわからないのがこの世の実相。お互い、助け合いの精神でもって生きてゆきたいもの。

人相具足《にんそうぐそく》（人相具足す）　随喜功徳品

「人相具足」とは信仰する人は人相がよくなるという意味。お経にしたがって、この部分をみてゆきますと「信仰する人は活発な人となり、するどい感覚力をもち、智慧を有する人となり、口に悪臭なく、舌の病気、歯の病気もなく、鼻は高く、顔面は円く、眉毛は形よく、人間として完全な特徴を具える者となるであろう」（当該箇所の意訳）。

お経には、このほかにもいっぱいの功徳があると示されています。目も耳も鼻も舌も皮膚も心も、みんなこのうえなく清浄になりますよと。お経を信じる人は、あらゆる病気、あらゆる苦痛から解放されるのです。なんともありがたいことではありませんか。私たちのご先祖さまは、これらの経句をすべて信じてこられました。『法華経』はじつにありがたいお経だと。

疑ってはなりません。お経に説かれていることはすべて真実であり、嘘なんかまったくないのですから。日本人はこれらを信じて歴史を淘汰してきました。

すんなりとお経を受けいれる人ばかりでないことも事実でしょう。まず疑ってかかろうという気概をもつ人がいらっしゃるのは、昔も今もおなじです。だいたい学問というものは疑うところから出発してゆくものなのですから。

現代には、お経を信じるより、科学的真理を第一に優先させるという風潮があります。このながればますます強くなっていくようです。たとえば平成二十五年四月からは新型の出生前診断がスタートしました。妊婦の血液で胎児の染色体異常がわかるというものです。この診断で陽性がでた場合、中絶される胎児もでてくることが予想されることでしょう。

子供というのは天の授かりものというのが、これまで日本人の大半が考えてきた思想でしたが、このような出生前診断が横行しはじめますと、産まれてくる胎児のことよりも親の気持ちが優先されるようになり、天よりの授かりものという思想がくつがえされかねません。

人は未来を見通すことができませんから、未来の姿がみられるとなると、科学を肯定するあまり、宗教的なものの真実をますます否定的にとらえてしまおうとしがちです。たしかに科学は、人々の不安を取りのぞきたいという欲求から進歩してきました。

学問は人々の疑惑を取りのぞきたいという欲求から生まれてきたものですが、信仰は学問ではありません。学問は理屈のうえに成り立ちますが、信仰は信じるところから始まります。学問と信仰とは次元が異なるわけです。それにみんな気づかない。学問的に実証されなければ嘘っぽと切り捨ててしまう。宗教の真実は、それほど軽くはないのです。

いったん宗教軽視の思想が跋扈してしまいますと、元にもどすのが大変です。なんでも理屈が通らないと受けいれないというのです。でも世の中には理屈でとおらないことが山ほどあります。というより、理屈以上の世界のほうがおおいのではありませんか。

疑いのない世界、真実の世界、お互いがお互いを信じてゆくことのできる世界。お経の世界というものは、そんな広い世界ではないでしょうか。

四生衆生《ししょうしゅじょう》（四生の衆生）　随喜功徳品

キリスト教は徹底した人間中心主義を貫く宗教ですが、仏教は人間中心の宗教ではありません。「衆生」は、この世に生きるすべての生きものがその範疇にはいります。生きものを分類して、お経には次のようにあります。

一、胎生→ほ乳動物など母親の胎内から出生するもの。人間や獣はここに含まれる。
二、卵生→魚類や鳥類など卵から出生。
三、湿生→じめじめした湿気の中から生まれるもので、虫やぼうふら（蚊）など。
四、化生→何もないところから忽然として出生するもの。天人や地獄の衆生など。

このうち、人間は胎生。餓鬼などは胎生と化生のもの。天人（神々）と地獄の衆生は化生とされますが、中有（中陰）の衆生もここに含まれます。また畜生は胎生と卵生と湿生のものがあるとされます。

このように、仏教ではあらゆる生きものが四生に分類されます。日蓮聖人御遺文に「六道四生に輪廻」ということばがありますが、生きものはこの四生のなかをぐるぐる廻っているということになりましょうか。そこを脱出して成仏の世界にいたること、それこそは仏教の目的であり、仏道というものという思想。

仏教は、この根幹の四生世界を根柢におきながら、そこを超越してゆこうとします。たとえば日蓮聖人御遺文には「六道四生の衆生に男女あり。この男女は皆われ等が先生の父母なり」とあります。獣も虫けらも、みんな四生の外へでてゆくことはかないません。人間だけが特にえらいのではなく、獣や虫けらも人間と同等のところに存在しているということ。四生も数のうえでは、化生がもっとも多く存在するといわれていますが、このことは、最終的な安住の世界（成仏）に到達することのできない衆生がもっともおおいということを意味しています。仏教にとって修行が必要とされるのはそのためです。

それを示すように「四生百劫」ということばも仏教経典（倶舎論）にでてきます。これは衆生が成仏する期間を百劫という長い時間を設定しているわけです。『法華経』にも「久修業所得」という経句のあることを思いだします。長いながい修行を要するということです。

そこのところを、日蓮聖人は南無妙法蓮華経のお題目を唱えることによって修行が完成されるとおしえられました。そこには仏教が、けっして出家者だけのものではないという意味が含まれています。この世に生きとし生きるすべての衆生が享受するものであるなら、出家しなくても、あるいは百劫といった長いあいだの修行を要しないでも、成仏はできるのだというおしえ。

大切なことはお題目を唱える。かならず唱題する。ただ黙っていてはいけない。お題目修行だけはどうしても必修というのです。一所懸命の唱題によって、すべての衆生は完成されてゆくというわけです。

其身甚清浄《ごしんじんしょうじょう》（その身甚だ清浄なり）　法師功徳品

私たちがお経をよむのはどうしてでしょう。今日においては、葬式とか法事とかでお坊さんが読誦されるのがお経だと思われているかもしれませんが、ではどうして葬式とか法事とかでお経が読誦されるのか、と問うてみられたことはおありでしょうか。

法華経を読誦するものは、その身が洗われ、清浄になる、身にたまっている汚泥をすっかり清めてゆく、とお経には説かれていることを考えますと、葬式や法事でお経が読誦されるのは、亡き人が、よりよき仏の世界に安住してほしいという願いが、お経にこめられているからだと気づきます。煩悩でつまったまま、あの世へ逝ってしまった故人にたいして、すこしでも清浄になってもらおうという願いが、お経に込められているといってもいいでしょう。

お経には

若持法華経　其身甚清浄（もし法華経を持《たも》たば、その身甚だ清浄なり）

とでています。お経には、けっして亡き人のためのものとはでていません。法華経を読誦する人はことごとく、その身が清浄になると、はっきり説かれています。

これは、行者（法華経を読誦する人）とお経（法華経）とが一体になる世界が、法華経読誦によって現れでていくものと説かれているわけです。仏教のお経には八万四千も種類がありますけれど、このように「其身甚清淨」（その身甚だ清浄なり）と説かれているお経は、じつに『法華経』しかないということは、不思議なことと思わないではおれません。

ここで注意しなければならないのは「法華経を持たば」とあるところです。この「持たば」は、自分でお経を読むことを意味します。これは、お経がけっしてお坊さんたちだけのものではない、ということを意味しているわけで、このことは胆に銘じなくてはなりません。法華経を読誦する人ならばどなたでも、という意味がそこにはあります。得度している人であろうと男性であろうと女性であろうと、そのような差別は一切関係なく、どなたにかぎらず、ともかく法華経を読誦する人ならば、そのすべての人が、という意味がそこに含まれています。

しかも大切なことは、自分が読誦しなければならないと説かれているのであって、けっして亡き人に向かって読誦するとは説かれていないということです。亡き人に向かってお経を読誦するのは、亡き人が生前にできなかった善いおこないを、こちら（生きている私たち）が、亡き人になりかわって、廻向するということにほかなりません。

このような有り難いお経ならばこそ、生きている私たちにとっても、亡くなった人にとっても、その身を清浄にしていくことが約束されているのであって、このような世界は古代の産物である『日本霊異記』以来の伝統として、この日本に定着してきました。他宗で読誦されるお経と法華経とを対比することはできないということを知る必要があります。お経は、みんな同じようなものではないのです。法華経ならばこそ「其身甚清浄」ですが、他のお経ではこれは不可能だということ、このことが案外知られていないのですよ。

皆悉礼拝《かいしつらいはい》（皆ことごとく礼拝す）　常不軽菩薩品

先日、ＮＨＫラジオをきいていますと「ほとけさまにれいはい」と言っていました。「礼拝」を「れいはい」と訓じているのです。「礼拝」は現代においては、キリスト教においてそのように訓じられているようですが、私たち仏教徒は「らいはい」と訓じなければなりません。人が亡くなったとき、「天国へと旅だたれました」という天国思想とあわせ、これはキリスト教の影響を受けた表現にほかなりません。

不軽《ふきよう》菩薩《ぼさつ》という菩薩さまは、どのような人に向かっても礼拝されました。例外というものをもたれませんでした。一般には神仏など、自分よりも上位にあるものをおがむのが礼拝の意味するところでしょうが、不軽菩薩はそうではなくて、あらゆる人々に向かって礼拝されました。自分以外のすべての人々はみんな尊い、神仏のように尊い人ばかりだという信仰です。

これが仏教です。仏教の原点です。いろいろなむつかしい理屈や理論などは、この礼拝行をさまざまに解釈しようとした結果のものにすぎないといっても過言ではありません。ただおがむ。礼拝しつづけることです。

こいつ虫の好かぬヤツじゃと思ってもおがみます。商売がたきの憎い相手にたいしてもおがみます。それはなかなかできないことかもしれません。目上の人や、神さま仏さまをおがむことはできても、敵愾心《てきがいしん》をもつ人にむかっては、唾を吐くことはあっても、とてもおがむ気にはなれないかもしれません。それが人間一般というものの本質かもしれません。だから、この世にけんかがたえず、もっといえば、犯罪が次つぎとおこる原因になっているともいえるのではないでしょうか。

自分をひっこめて相手を立てるということは、相手の能力を認めようとすることにほかなりません。まず相手によくなってもらおうとする。相手の能力全開を優先させる態度です。自分はいつもあとでいいと思う。さあどうぞと相手に席をゆずる。あなたはなかなかいいものをお持ちになっていらっしゃると、どこまでも相手を立てるのです。自分はいつも控えめな態度をくずさない。このような人で世の中が充満したとき、この世に真実の平和がやってくることが約束されるにちがいありません。

『法華経』はそのことを、とことん説きます。まさに娑婆即寂光のもうひとつの姿といってもいいものです。不軽菩薩は「愚《ぐ》」になりきられました。どこまでも人生の目的は礼拝行だと、しっかりと自分にいいきかせ、それをそのまま愚直に実行されていきました。仏教の真実の基本線を、自ら示されたわけです。

『法華経』の示す常不軽菩薩の生き方は、劣等意識にもとづくものなどではなく、徹底した人間平等主義にもとづいたものです。自分の生命は宇宙のなかにあって因縁和合したものだと。

而般涅槃《にはつねはん》（般涅槃したまう）　如来神力品

ふつう涅槃《ねはん》といいますと、仏さまの死を指しますが、もともとの意味は煩悩《ぼんのう》の火が吹き消された状態のこと、安らいだ境地、さとりの境地をいいます。安らいださとりの境地は、死の状態と通じあうところから、両者がむすびついたものでしょう。「涅槃」は仏さま（釈尊）にかぎられます。涅槃の同義語として「入滅《にゅうめつ》」がありますが、こちらのほうは釈尊以外にも、たとえば日蓮聖人とか道元禅師とか偉大な僧の死を表現するときに用いられます。

ところで道元禅師は『法華経』をもっともよく読まれた禅僧として知られていますが、禅師は『法華経』を時間論として認識されています。しかもそれ以上のものを『法華経』に求められていません。『法華経』の真意にまでは到達されようとしなかったのは、禅師には出家なされた当初から、曹洞宗の伝法者という自覚がありましたので、『法華経』の真意を避けられたものか。

いうところの法華経の時間論とは『法華経』には久遠実成《くおんじつじょう》が説かれているわけですが、それはインドに誕生され、仏教の開祖となられた釈尊は、じつは遠い過去の世に仏になられていたという仏教の根本思想のひとつです。本仏《ほんぶつ》釈尊といわれているもので、釈尊の本体は久遠のむかしに覚りを開かれていた。これは現在と過去とがひとつのものに溶解していくこと、「在世《ざいせ》の月は今の月」（日蓮聖人のことば）ということで、今ふうに申せば時間論といってもいいでしょう。

道元禅師はこの時間論を『法華経』のなかに見いだしました。『正法眼蔵』には時々、「過去七仏」という表現もみられますから、禅師はそれをもっとも鮮明に説きだした『法華経』の本仏釈尊を投影されたのでした。

このことをお経にしたがって具体的に述べますと、たとえば「常不軽菩薩品《じょうふきょうぼさつぼん》」に登場される不軽《ふきょう》菩薩は、威音王《いおんのう》という王様のおられた時代の菩薩さまですが、道元禅師がこの常不軽菩薩品を引用されること六度におよんでいます。この品のもっとも大事なポイントは不軽菩薩という菩薩さまがおられて、周囲の人々にむかって礼拝されつづけたというところにあることは、この品を読めばすぐにわかるところです。ところが道元禅師は六度も引用しながら、不軽菩薩については一度も言及しません。禅師の他の著作のなかにも不軽菩薩は一度もでてきません。禅師がこの品を引用したのは、ただ威音王が遠い過去に『法華経』を説いたという、この事実をとりだせばよかったわけです。

つまり禅師は『法華経』を信頼しながらも『法華経』を捨てていったわけです。捨てて自己の得道のみに拘泥したわけです。そして厳しい出家主義を貫いて、門下の人々に只管打坐《しかんたざ》（ただひたすら坐禅にひたる）を説いたのでした。

ところがこの道元禅師が入滅されるとき、『法華経』の「而般涅槃」とあるところを読誦しながら亡くなったと伝記にあります。道元禅師は人生最後の最後には、捨てたはずの『法華経』を、どうしても頼りとしなければならぬものと、この箇所を読誦しながら入滅なされたのです。

皆大歓喜《かいだいかんぎ》（皆おおいに歓喜す） 嘱累品

平成二十五年八月六日は、広島に原爆が投下されて六十八回目でした。記念式典が平和記念公園で開かれたなかで、「こども代表」の二人の小六の学生が読み上げた「平和への誓い」の「命のバトン」ということばに惹かされました。「今、わたしたちはその広島に生きています。原爆を生き抜き、命のバトンをつないで。（中略）さあ、一緒に平和をつくりましょう。大切なバトンをつなぐために」

こども代表の訴えた「命のバトン」は、直接には親から子へ、孫からひ孫へと連綿とつづいてゆく命の連鎖を意味していましょう。歴史はこのバトンの連鎖によって今日にまでつづいてきたわけですが、その内容は果たして誉められるべきで連鎖であったでしょうか。「こども代表」の二人の小六の学生が読み上げた「平和への誓い」では、「平和とは、安心して生活できること。平和とは、一人ひとりが輝いていること。平和とは、みんなが幸せを感じること」ともありました。

現実を見まわしてみますと、ほとんどこのことばとは相反する世界のなかで、私たちは生きてきたように思います。人々は平和を追求し、幸福を求めてきたのですけれど、残念ながら人は我欲がつよく、それらのなかでももっとも我欲のつよい人の一群が政治家という職業を選択し、彼らの思うように国をうごかし、歴史をうごかしてきたように思います。それが人類の歴史のバトンではなかったのかと。だから、広島の子どもが訴えた「安心」「輝き」「幸せ」は、私たちが作らなければなりません。政治家に任せてしまってはいけません。

考えなければならないことは、そうした政治家を選ぶのは私たち一人ひとりだということ。政治を、国を、よくしようと思えば、まことの政治家を選べばよいだけのこと。その掌は私たちにゆだねられています。政治家が悪いのではなく、じつは私たちが悪い政治家を選んできたのです。あるいは政治家にだまされつづけてきたのかもしれません。原爆を投下させたのも、当時の国家の中枢にいて国家を動かしていた政治家（軍部）の大いなる過誤にほかなりません。「命のバトン」の「命」の内容を、私たちは自分たちのこととしなければならないと思います。

釈尊は仏教という大河のなかで、さいごに『法華経』を説かれました。『法華経』のもっとも刮目すべきところは、大事な法が空中において上行菩薩等に向かって説かれたところにあります。そしてその法が説かれるや、上行菩薩等はおのおの自分たちの国土に還ってゆくのです。そのとき発せられたことばが「皆大歓喜」です。

人は何のためにこの世に生まれ、働くのか。広島の子どもが訴えた「安心」「輝き」「幸せ」にあることは明白です。生活の根本に、人生の根本に、宗教のあるなしではまったく様相をことにします。すべての人が「皆大歓喜」ということばでもつて、この世をおさらばしてゆける世の中にするためには、政治家も私たちも、『法華経』世界に身をゆだねてゆくことではないか。そのいのちのバトン。

捨《しや》身《しん》布《ふ》施《せ》（身を捨てて布施す） 薬王菩薩本事品

『法華経』の「薬王菩薩本事品」は『法華経』二十八章のなかでは第二十三番目にあります。ここでは薬王菩薩の捨身供養が説かれています。供養にはいろいろとあるわけですが、わが身を捨てる供養にまさるものはないというのです。何と恐ろしいことが説かれてあるものかと、思わず身震いさせられるところです。思わず9・11を思い起こさずにはおれないし、かの「イスラム国」の人たちの暴挙も頭に描かれるところ。

かの9・11のテロは、イスラムによる自爆でした。アメリカの象徴・世界貿易センタービルに飛行機で体当たりして自滅し果てたというニュースはまことに衝撃的でした。このイスラムの捨身と『法華経』の捨身を同一視することはできるものではありません。イスラムのほうは、どこまでもテロです。暴力行為としての捨身。『法華経』のほうは供養としての捨身。尊い捨身の心がそこには秘められています。仏さまに対して、ともかくお供養（布施）したいという気持ちが高ぶったとき、何をもってすればよいかと考えたとき、薬王菩薩は捨身という方法を選択したのです。供養としては、これは最高のものといっていいでしょう。薬王菩薩は自分のからだじゅうに油をぬり、自らその身に火をつけました。

これはおぞましいことかもしれません。人さまにお勧めできるようなことではもちろんありません。しかし信仰の極致とは、このような行為をも許容してしまう世界かもしれないということを、私たちは知らねばなりません。信じて信じて信じぬいたとき、もはや自分のからだを差し上げてしまわねばすまないという気持ちの高ぶり。すべては仏さまにお供養申し上げてしまうのだという境地。自我という小さな個を捨てきり、大きな宇宙のうてなに自分を載せる。これ以上の布施はないということもまたひとつの真実。もし自分のためのものなら、それは偽善になりますが、仏さまのため、法のためという信仰的な大きな前提がそこにあるときのみ、これは許されます。

日蓮聖人はときとして雪山童子の逸話をご信徒のかたに説かれました。むかし、雪山に外道に通達していた童子がいました。彼は仏法に対しては無知でしたので修行を重ねていました。ときに大鬼神が現れ「諸行無常　是生滅法」と語ります。童子は悦び、後文を説くように願いでます。鬼神は「飢えのため説けない。人間の血肉を食いたい」と答える。童子は「自分の血肉を提供するから後文を説きたまへ」と請うが、鬼神は信用しない。童子は「梵天・帝釈・日月・四天の前で誓う」といったので、鬼神はこれを信用し「生滅滅已　寂滅為楽」と後文を説く。童子はその経句を木や石に書きつけると鬼神の口に身を投げ入れて自滅し去りました。一種の捨身供養です。日蓮聖人は童子とは今の釈尊であり、鬼神は帝釈天だと説かれています。

薬王菩薩は一般には病気治癒の菩薩とされますが、人々の身と心の病いを救いとるのは、捨身供養の功徳といえるかもしれません。

四大調和《しだいちょうわ》（四大の調和）　妙音菩薩品

四大とは地・水・火・風の四元素をさします。仏教においては、この世はこれら四つの要素でできているると説かれています。ものが存在するということは、ものの大小にかかわらず、これら四大がよく調和しているときに成就するということは、最近なら子どもでも知っているかもしれません。仏教が科学的知識をも抱懐してあまりあるおしえだということは、この一事をみてもわかろうというものです。仏教はたんに宗教という器でくくることのできない、おおきな世界観のうえに樹立しているおしえです。

お経がありがたいと感じられるのは、お経の一句一句、一節一節にそのようなおおきな世界観にのっとった側面があるからにほかなりません。信じるも信じないも、そこにあるものを、そこにあるものとして、事実として存在するものとして、なんの修飾もてらいもなく、すなおに示すのです。自然そのままの世界がそこには宿っているばかりです。仏教はむつかしいとよくいわれるのですが、経典に説かれることが、あまりにもすなおすぎるので、かえって難解と受けとられてしまうのではないかと、邪推したいほどです。

その四大がかぎりなく円の世界を描いていくとき、調和のとれたみごとな美の世界が現出されます。すばらしい芸術——彫刻・絵画・建築・舞踊・演劇・音楽・詩・俳句・短歌・小説・戯曲などに感動をおぼえるのは、その世界が人間の手によって作られながらも、自然と一体となる四大調和の世界を表現しているからにほかなりません。芸術の担い手は特殊な領域といえるかもしれませんが、それを鑑賞する側は、万人に与えられています。私たちは芸術家になることはできなくても、作品の世界を共有するという喜びを分かちあうことができます。

宗教として仏教をみた場合、それは一部の人だけのものとしてでなく、かならず万人に通用するものでなければなりません。仏教誕生のころは出家仏教としてありましたが、それは釈尊の出家という果敢な行為によってはじまったのが仏教でしたから、いたしかたないことでした。おしえは一部の人だけのものという限定つきであってはならないという反省から、大乗仏教は誕生しました。般若経も華厳経も無量寿経も阿弥陀経も、もちろん法華経もみな大乗経典です。

大乗経典を日々、読誦することのできる喜びは、何にもたとえることのできないおおきなものがあります。それは四大調和の世界へと私たちを駆り立てていくからでありましょう。自然のなかへ自分という存在を位置せしめていくからでしょう。そしてこの四大に調和がとれなくなったとき、人は病気になります。四大不調和といわれるのは、このことです。

この世に生まれてきたからには病気にならないように注意することは必要ですが、健康維持と経典受持とは、密接につながっていることも事実としてあります。信仰の徳です。死は免れることはできませんが、安楽に死の世界を迎えることは可能なことです。

福聚海無量《ふくじゅかいむりょう》（福聚の海は無量なり）　観世音菩薩普門品

ふつう「観音経」という名で親しまれている「観世音菩薩普門品」は『法華経』の第二十五番目のお経です。このお経には、およそ人が望むことはことごとくかなえられると説かれています。たとえば火災がおきたとき、観音さんの名を呼べば大火災を免れることができる。盗賊に遭遇したとき、その難を逃れることができる。いい赤ちゃんが授かりたいと願う女人には、福徳円満で賢い子が授かる。淫欲にふける人は愛欲の心がなくなっていく。憎悪の心をいだく人は悪の心が消滅していく。観音さんの名を呼ぶことによって、どのような願いも聞き届けられると、お経にはっきりと説かれています。まさに福聚の海は無量なのであります。

現代人はこのようなことはにわかには信じられぬというかもしれません。しかし信じる人、信じきる人にとっては、これらの願いはかなえられるものと受け止める必要があります。それが信仰というものです。現代人はモノとモノの世界でものごとに対していこうとしますので、にわかには信じられないというにすぎません。

だいたい科学はみることのできる世界からみえない世界までもをみようとするのに対して、お経は、肉眼ではみることのできない世界から世の実相をみていこうとするのだといってもいいでしょう。立場が逆なわけです。肉眼でみえる世界はほぼ限られていますが、仏眼《ぶつげん》でものをみますと、不思議な世界が次つぎとみえてくるものです。ちなみに五眼《ごげん》とは、人間の肉眼《にくげん》、天人の天《てん》眼《げん》、声聞《しょうもん》・縁覚《えんがく》の慧眼《えげん》、菩薩の法眼《ほうげん》、仏の仏眼《ぶつげん》をいいます。

仏教的視点におけるメカニズムの前提となりますのは、どこまでも「信仰」という二文字です。信仰とは自分の身をご本尊さまに預けきること、「南無」ということにほかなりません。絶対的な南無。南無しておきながら、この仏さんじゃ頼りないとかいって浮気したあげく、他の信仰にはしるのでしたら、それは南無とはいえません。病気が治癒しても治癒しなくても、いったん信じればとことん信じきるという世界です。それが南無です。そのような徹底した絶対的ともいいうる信仰をまっとうする人なら、観音さんは文句なく応えてくれるというわけです。

人はおうおうにしてひとつの仏さま神さまが頼りないと思うと、次つぎに信仰のほこさきを変えていこうとします。とくに日本人にそのような信仰浮気性の人が多いようです。そんな浮気性の人なら、観音さんは救ってはくれないですね。ほんとうに救ってくれると信じて、その名を心底から呼ぶとき、観音さんは遠くからでもやってきてくれるはずです。

日蓮聖人は観音さんのようなご利益を与えてくれる個別の菩薩様よりは、それらを統轄したお題目——南無妙法蓮華経への信をすすめられました。南無妙法蓮華経のなかには観音さんもはいっておられます。そればかりか、こっち（南無妙法蓮華経）のほうがより広い世界を対象にしていて、より深く、より真実であり、より確実だと聖人は仰せです。

頭破作七分《ずはさしちぶん》（頭は破れて、七分となる）　陀羅尼品

『法華経』のおしえを説く人に反対する人は、頭が七つに破れるというのです。それは父母を殺す罪と何らかわらぬものだと経にはでています。おそろしいことが説かれているものです。私たちはこの経句をどのように受け止めればいいでしょうか。私は宗教のもつひとつの姿がここにあるととらえます。信仰するものは救われるが、反対するものは罪をこうむるという思想は、ふつうはキリスト教やイスラム教などの一神教にみられるもので、一種の恐怖の託宣とでもいいましょうか。それが『法華経』に説かれています（ただしこれの説かれている場所は法華経の核心部分からはずれたところだということは、注意しなくてはなりません）。

現代は平等主義のもと、なんでもかにでも平等だと言い張られます。ほんとうは悪平等のほうがおおいと思うのですが、それさえ堂々と無視され、みんな平等だ、先生と生徒、親と子、男と女、みんなおなじだと言い張られてしまいます。これが宗教の世界にも波及して、お坊さんも一般の人もおなじ、どの宗教宗派も根本はおなじだという思想がはびこっているようです。

人はほんらい平等であるわけがありません。もちろん法のもとには平等でなければなりませんが、一人ひとりはみな異なるのだし、先生と生徒、親と子、男と女、みんなそれぞれ立場がちがいます。それを十把ひとからげにしてしまったのが現代思想です。平等思想のはきちがえです。そこに混乱が起きてゆくのは当然というべきでしょう。

「頭破作七分」とはおそろしい経句にはちがいありませんが、宗教にはほんらいこのような罰思想がなくてはならぬものではないかと考えたほうがいいのではないでしょうか。神仏にたいする崇敬の念は、罰があたるという、信仰とは相反する心がそこに宿るからこそ、信仰世界も成り立つと考えてもよいと思うのです。現代は科学時代ということで、科学で割り切れぬものは迷信として捨て去られる傾向ですが、科学が証明できない世界は山とあります。

この経句のあとには『法華経』を受持するものは、仏がかならず守護するであろうと説かれています。守護と罰とがひとつの世界のなかに宿っているわけです。このような説き方のなかに、人々の信仰心もまた完璧なものに成長していくのではないかと思われます。日蓮聖人なども、罰思想については、かなり突っ込んだ理論を展開されているのですが、聖人の場合は、『法華経』に反対するものもまた毒鼓《どっく》の縁によって道がひらけていくと説かれています。聖人の説かれる唱題世界は、ことのほかおおきな世界だということです。

宗教の果たすおおきな役割は、なによりも人に安心感をあたえるものでなければなりません。自分はみ仏の大慈悲心に抱かれているという安心。その安心感をいただく向こう側には罰の思想もまた宿っているのです。アメとムチとでもいいましょうか。しかも最終的にはお題目のなかに溶解していくという絶対的信仰です。

善知識《ぜんちしき》（善知識）　妙荘厳王本事品

「善知識」という仏教語の意味は「教えを説いて仏道へと導いてくれるよい友人・指導者」と『広辞苑』にあります。善き友、真の友人ということですから、辞典には「仏教の正しい道理を教え、利益を与えて導いてくれる人」と説明されます。『法華経』には「提婆達多品」に二回使われている以外では、「妙荘厳王本事品」に四回の使用例があります。

提婆達多という人は悪人の代名詞として使われることがおおいのですけど、たしかに①蓮華色比丘尼を殺した（殺阿羅漢）②盤石を山上より投げて釈迦を殺そうとしたとき、如来の足が破れて足指から血がでた（出仏身血）③仏教教団を破滅しようとした（破僧罪）という三逆罪を犯した大悪人。道元禅師などは、これらの罪によって提婆達多は地獄に堕ちたと説いています（「正法眼蔵・三時業」）。

最近の子どもたちが人と会ったらまず疑えとおしえられるのは、現代は悪人たちで充満しているといった考えが根にあるからでしょう。いまに地獄界はみるみる悪人たちで詰まってしまいそうです。悪人たちのお陰をこうむって、私たちも、漱石ではないが、智にはたらけば角がたつし、情に棹させば流されるというわけで、とかくこの世は住みにくいという現下の情勢。

だから、もつべきものは善き友、真の友。友というと、なんとなく悪友のほうが一般向きで、こっちのほうが気安さもあり便利でもあり、楽しそう。悪友は悪友としてそれなりに必要であるし、人生の円滑油になるのですから、いちがいに否定はできませんけれど。

現代はたしかに恐ろしい世の中ですが、大悪人の代名詞の提婆達多が、『法華経』には「善知識」と説かれています。『法華経』は性善説の立場。それも徹底的な性善説。とことん人を信じるのです。だまされてもばかにされても、相手を信じきろうと説かれます。それは前世においては、悪人もあなたにとっては善知識であったかもしれないのだから、というのです。提婆達多も前世においては、釈尊の善知識だったと説かれるのです。

日蓮聖人は「ただあつきつめたきばかりの智慧だにも候ならば、善知識たいせつなり」といわれていますが、同時に「善知識に値ふ事が第一のかたき事なり」ともいわれました。善知識に会うことほど至難なことはないということは、今の世でなら、善知識だと交際していた人が、とんでもない詐欺師だったり、宗教を売り物にするようなやからであったりといったことに通じましょう。日蓮聖人の発言から推すと、鎌倉時代でもそうした悪人はいたわけですから、平成の今日ではさらにむつかしいかもしれません。でもとことん信じてゆくのです。

聖人は別のご遺文では「経巻これ善知識なり」と仰せです。人のことばを信ずるよりは、経典に説かれてあることに接近するほうがほんとうの善知識なのだと。この発言には真実が宿っていますし、むしろまちがいなきただしい判断と思われます。経典に近づくことを善知識ととらえ、明日にむかって生きてゆきたい。

少欲知足《しょうよくちそく》（少欲にて足るを知る）　普賢菩薩勧発品

かつての時代、徒歩いがいに移動のてだてはありませんでしたから、みんな歩きに歩いたものです。やがて自転車の時代になりますと、みんな自転車に乗るようになりました。自動車の時代がくるとみんな自動車を乗りまわすようになりました。GWなどの高速道路の渋滞は十キロ二十キロはざらで、なかには三十キロ四十キロというのもめずらしくない状況です。現代の世には自動車はなくてはならぬ必需品になったということでしょう。地球規模でいまや自動車時代にはいっていています。温暖化への危惧などどこふく風と、みんな自動車に乗ります。かくいう小生もそのひとりです。かつて自動車に乗るのをやめようと試みたことがあります。ところがそれでは寺の法務に支障をきたすようになりました。結局、一カ月たらずで元の木阿弥になった経験があります。ああ！

欲望があるから人間の歴史は前へ前へとすすんできました。歩くよりは自転車のほうが、自転車よりも自動車のほうが楽で便利だから、世の中全体は、どうしてもそっちのほうへながれていきます。このながれは、だれも止めることなどできるものではありません。きっとこのまま走りつづけるにちがいありません。そして地球はやがて破滅の時を迎えてしまうにちがいありません。それがわかっていてやめられない。業なのでしょうか。運命なのでしょうか。

釈尊は古い時代から「少欲知足」を説きました。少ない欲望で足ることを知ることが大切なんだよとおしえました。人はしかしいったん自動車の味を知ると、歩行のみでの移動を忌諱します。釈尊は地球が終末を迎えるときを、すこしでも遅らせようと考えておられたのではないか、などとつい思ってしまいます。

自動車に乗らず、歩行を試みますと、それまで見ることのできなかった光景が視野にはいり、環境の変化にも敏感になることは、誰しも経験されるところでしょう。ゆっくり歩いたほうが、いそいで自動車で走るよりも、まことの姿が映されてくるわけです。その姿をもう一度とりもどしたいものです。

これは乗り物だけの話ではありません。船場吉兆の偽装はおろか、客の食べ残したものをふたたび別の客に差し出すというのは、少欲知足の思想どころか、利益のためなら何でもやってやれという、これは道徳も何もあったものではない世界の人のすることです。吉兆が廃業に追い込まれたのは当然であり、天の声と受け止めたいですね。

仏教とは何か、『法華経』とは何かというテーマは、じつはこのような少欲知足の精神をもつか否かにかかっているといってもいいでしょう。それがむかしからの課題だということは、それほどに難解なテーマだということにほかなりません。でもこのこころを忘れてはいけません。一日一回でも、こころに問いかけてみたいものです。人間一生につかう金品は限られているのですから。

おわりに

仏教選択の時代

仏教とはなにか、といった根本的なことを調べようとしても、それはそれぞれの立場の人が自分の視野で発言し論じますから、よほど距離感をもって臨まないといけません。人はそれぞれの地場をもって生きていますから、その地場を除外するということは難解です。すくなくとも仏教経典のなかでどの経典を主として考えるか、という線さえ把握できれば、あとはそれぞれの因縁に従うとしかいいようがありません。

結婚にしても、当初は互いに知らぬ男と女が顔をあわせることより始まります。ほぼ第一印象によって好きか嫌いかという判断はなされる。しかしこれとて好きだからといって結婚にまでこぎつけるものとは限りません。因縁という仏教語の深みはここにあると言えばよいでしょうか。

仏教への接近は、だからまず経典の選択からはじまります。ここで日本に流布している大乗経典の内容を、宗派ごとに読まれていることを前提にしながら、大ざっぱに説明しておきます。

〈奈良仏教〉

奈良仏教には三論宗《さんろんしゅう》・成実宗《じょうじつしゅう》・法相宗《ほっそうしゅう》・倶舎宗《くしゃしゅう》・華厳宗《けごんしゅう》・律宗《りっしゅう》の六宗があり、「南都六宗」といわれている。主として仏教教理の研究がなされたもので、一般庶民とかかわることはなかった。ほとんどが経典というより「論」を中心になされた結果である。奈良仏教とかかわる経典として、ここでは「華厳経」をあげる。

・華厳経　宇宙のなかのすべては互いに交わり合いながら流動しており、一のなかに一切を含み、一切のなかに一が遍満していると説かれる（一即一切・一切即一）。その宇宙全体を包括するものが毘盧遮那仏、すなわち東大寺の大仏様である。

〈平安仏教〉

最澄（伝教大師）と空海（弘法大師）がこの時代を代表する高僧。ともに天台宗・真言宗の宗祖として今日にまでつづいている。この二人が重視した経典は最澄が『法華経』、空海が『大日経』だから、この経典の内容を説明しておきたい。

・法華経　法華経には大きく三つの思想が内包されている。①この世の真の姿は互いが互いによって成り立つものであり、ひとつのものだけでは成立しない。②いのちは永遠のものであり、この世に存在するすべての人が成仏する。③この経に説かれるままを如説に修行していくことが仏教生活の基本であり、それはこの経を世にあまねく弘めていくということにほかならない。

・大日経　この宇宙の本源に存在する大日如来の智慧つまりさとりとは、その菩提心《ぼだいしん》が因としてあり、その大悲《だいひ》が根にある。このように因と根によって人々を救済するための活動が説かれる。すなわち人々の心がそのままさとりにほかならないとする。そのために印を結び真言を唱える。もともと密教経典だから秘儀が中心におかれるが、最終的には人々の即身成仏が説かれる。

〈鎌倉仏教〉

鎌倉時代にはおおくの新しい仏教が誕生するが、そのおおくが今日までつづいている。というより現代仏教の教団はすべて鎌倉時代に誕生した宗祖たちの開かれた仏教がそのまま踏襲されている。

・浄土三部経　法然上人がひらいた浄土宗は浄土三部経を中心経典とする。そこで説かれるのは、あの世としての極楽世界である。人は死ねばそこへ往生するとされるので、そこに住んでおられる阿弥陀さまの名をただ一心に「南無阿弥陀仏」と称えることが勧められる。親鸞聖人になるといっそう信仰が深められていき、絶対他力と説かれる。自力を捨てさり阿弥陀仏に自分の身をすっかり任せきったところに、真の往生があるとされる。

・法華経　法華経はもともと平安時代に最澄（伝教大師）が、仏教経典のなかでは釈尊出世の本懐経として取り上げたものだが、その継承者としての自負から日蓮聖人はたちあがり、法華経をいっそう身近に信仰させていただくことを説いた。南無妙法蓮華経と唱えることによって法華経世界のなかに自分の身をおくことができ、即身成仏もまた可能であることが説かれた。また鎌倉時代にあって、法華経は禅宗の道元禅師によっても、もっともよく読まれ、法華経は全経典中の王の位置にあると説かれている。

右のようにみてみると、日本でもっともよく読まれているお経は、今日においては『法華経』と「浄土三部経」ということになりましょうか。この両者のちがいを知ることは仏教選択の道につらなる重要なポイントになるわけです。仏壇中心生活において、その仏壇の御本尊を何にするかという問題とからんできます。

『法華経』と「浄土三部経」の違いは、ポイントを「この世」におくか「あの世」におくかというところにしぼられます。

「浄土三部経」では徹底して極楽世界について説かれます。極楽という語はしかし仏教経典のなかにあっても、ただ「浄土三部経」にのみ説かれるものであって、「華厳経」や「般若経」はもちろん「涅槃経」「維摩経」「勝鬘経」など他のすべての経典には一度もでてきません。極楽という世界は、仏教全体からみると少し異端的なところに存するといってもいいようです。しかし人はかならず死ぬ存在です。いつかかならず死ぬというのであれば、視点をあの世においてもそれはそれで通っていくと考えられます。今日一般に「葬式仏教」といわれていることからも、仏教といえばあの世のおしえだと考えている人が大勢いらっしゃることでしょう。それはひとえに「浄土三部経」の影響下におかれているわけであります。

それにひきかえ、『法華経』は徹底してこの世について説かれる一方、あの世についても説かれます。いや、あの世というよりこの世界全体について説こうとすれば、それは「この世」と「あの世」という壁は取り外したものでなくてはなりません。つまり人はこの世だけを生きていく存在ではないということを意味しています。この世とあの世が連結したものなら、この世だけを説いても、あるいはあの世だけを説いても、それは片手落ちになってしまいます。私たちの存在はこの世のものであることは当然ですが、死ねばあの世のものになります。でも、あの世へ往ったからこの世は不必要になるかといえば、そんなことはなく、あの世からもこの世へシグナルを送り続けるのです。この世とあの世は隔絶したものでなく相互に行き来する、あるいはできる世界、それが『法華経』の世界観です。「浄土三部経」があの世のみを説くのにたいして、法華経はこの世・あの世を含めてのこの世を説く経典といえます。

仏壇中心生活のすすめ

昭和三十年代まで、日本の各家庭にはかならず仏壇が安置されていました。若い人たちが都会へ出て行くようになった昭和四十年代を境に日本の国から仏壇が消えていきます。消えていったのではありません。都会で新家庭を築き、新しい生活が始まっていったとき、彼らは家に仏壇を置こうとしなかったのです。これは仏教がすでにこの頃には日本人の心から離れていたことを示しています。なぜなら仏壇とは亡き人をまつるばかりのものではなく、むしろ御本尊をおまつりするものです。かつての日本は仏壇を中心にした生活が営まれていたのですが、都会で暮らすようになった人たちは、仏壇をまつろうとしなかった。それは仏壇がご先祖、つまり亡き人々をまつるもの、という常識めいた観念が植えつけられていたためと思われます。

私は仏壇安置の復権を提唱いたします。家の中心に仏壇を安置するとはどういうことか。今は家に中心になるものがありません。それは父か母かもしれず、あるいはテレビかもしれず、ケータイやスマホかもしれず、ゲーム機であるかもしれません。機械もしくはロボットに支配されるようになった現代は、意識的にはバラバラという感じがします。夫婦もばらばら、親子もバラバラ、兄弟姉妹もばらばら……。そのような社会が現代の世であるとすれば、これほど悲しむべき時代はありません。かつてはテレビの番組の取り合いもありましたが、今では一人に一台という時代ですし、ケータイで見ようとすればそれも可能とあれば、バラバラ社会はこのうえますますすすんでいくばかりでしょう。

だから、だから仏壇を、と私は提唱します。

仏壇にはかならず御本尊があります。その御本尊に向かっておがむこと。朝起きたとき、家をでていくとき、家に帰ったとき、寝るまえ、家族のそれぞれが仏壇をおがむ習慣があれば、家庭に大きな中心点ができあがり、メリハリのついた日常生活の出現となりましょう。もちろん仏壇にはご先祖さまや亡き人もまつられます。

仏壇というと、何となく古めかしいというイメージがありますが、最近では家具調仏壇もあり、部屋の雰囲気をこわすことなく安置できる類のものも見かけます。仏壇だからといって昔からつづいているイメージをもつことはありません。人によっては仏壇というものは、人が亡くなってから置くもの、という一種の常識めいた考えが根強くあるようですが、もともと仏壇というものは亡き人をまつるばかりのものではなく、根本は御本尊をまつるものです。御本尊を家の中心におくのです。夫婦も親子も御本尊より上のものにはなりえません。なによりも合掌する習慣がそこには芽生えることでしょう。珍しいものを買ったとき、あるいは人さまからいただいたとき、それをまず自分たちより前に御本尊に御供えする。それからお下げして自分たちの口にいれる。毎日食べるご飯だって、まず御本尊におあげして、そのお下がりを自分たちがいただく。これはかつての日本人のほとんどすべての家で実践されてきたことです。なにもこと新しいことをすすめているわけではありません。

仏教は葬式のためにあるのではありません。日々を生きていくうえに仏壇を中心にした生活を営んでいくとき、その日々の繰りかえしのなかに、仏教生活が体験できるはずです。理論や理屈はあとで考えればよろしい。勉強しようとすれば、図書館にも本屋さんにも仏教書が山とならんでいます。しかも勉強したから仏教がわかるというものでもない、そこに宗教の深さ、仏教の深さがあるといってもいいとするなら、まず仏壇中心の生活をしてみる。その日々の体験の積み重ねが仏教徒に仕上げていくわけです。仏壇をおくのに多少のお金は必要でしょうが、なにも豪華な仏壇を求める必要はないはずです。法華宗には机上仏壇もあります。これは単身赴任者や受験勉強中の人たちのために工夫して作られたものですが、まさに机のうえに置けるタイプです。小さなこんな仏壇でも仏壇としての機能は充分に果たしてくれます。小さくても、そこには御本尊が掛けられているからです。毎日この御本尊に向かって挨拶します。すると挨拶しない日は、何か拍子抜けした感じになります。ご飯を食べなかったような感じになるわけです。日蓮聖人も「教主釈尊の出世の本懐は人の振舞にて候けるぞ」と仰せです。習慣はいい習慣を身につけなければならないということは、こうしたことを意味するのでありましょう。

仏壇を安置することになれば、かならず開眼供養をする必要がでてきます。それはかならずご住職さんに頼みます。お寺さがしが必要になります。自分にあったお経をあげてくださるご住職さんさがしです。この場合、ご先祖代々の宗派は頭に描いてもよいが、それにとらわれることはありません。今や仏教は宗派仏教となり、ご住職さんたちは自分でもはっきりと理解できないお経の呪縛にはまりこんでいる人もあるほどです。自分の宗教、自分の仏教を見つけていただくことを、この際、仏壇中心生活にあわせ、提唱させていただきましょう。

*　*　*

本書のおおくは『サットバ』に掲載させていただいたもので占められています。ことに「第三章『法華経』の一句にまなぶ」は、ながく『サットバ』巻頭法話として掲載したものです。読み返してみると、おなじことを繰り返し述べています。視点を変えてはいますが、読み手の側にたちますと、すこしくどいと思われるふしもでてこようかとも思いましたけれど、ほぼ掲載のまま再掲させていただきました。

私の五十年にわたる坊主生活のなかで、自分を法華坊主と考えたことはありません。つねに仏教という門が視野にあり、その開祖である釈尊の存在、そして釈尊のこころがそのまま吐露された『法華経』という経典こそは、私の坊主として生きるための力でありました。そうです。仏教僧侶。この名こそ、私の処世の根本のところにあったということです。

本書は小生の坊主生活の一つの締めくくりとして、正立寺住職退任の記念に資したいという考えにもとづいて出版させていただきました。住職を退任すると告げたとき、ある人から「第三の人生の出発ですね」といわれました。その第三の人生がどのようになるのかは、自分でもわかりませんが、このことばの重みをこれからの人生のささえにしたいと自分に言い聞かせています。

末尾になってしまいましたが、本書出版にあたっては東方出版様のなみなみでないお世話になりました。就中、北川幸さまには三度にわたる校正の都度、適切なアドバイスを頂戴しました。おかげさまで立派な本に仕上げていただきました。厚くお礼申しあげます。

平成二十七年五月

川口　勇

川口勇（僧名・日空）
1941年生。京都府福知山市出身。法華宗興隆学林本科卒業。関西大学大学院修士課程修了。正立寺第二十七世住職。月刊『サットバ』主幹。『中外日報』コメンテーター。
著書『法の話・法の詩』『本地の人・苅谷日任上人』（編）『仏教の門』他。詩集『塵のなか』『死を生きる』『入学式』他。論文「日蓮」（芳賀書店発行『日本の革命思想』所収）「日蓮聖人の後世観」「日蓮聖人と諸天善神」「道元禅師の法華経（一）（二）」「日蓮伝再考」「日蓮の上行自覚について」他。
俳句結社「古志」同人として俳論「俳人たちの老境」他。

仏教の本流を往く

2015年5月24日　初版第1刷発行

著　者——川口勇

発行者——稲川博久

発行所——東方出版㈱
〒543-0062　大阪市天王寺区逢阪2-3-2
Tel. 06-6779-9571　Fax. 06-6779-9573

装　幀——森本良成

印刷所——亜細亜印刷㈱

落丁・乱丁はおとりかえいたします。

ISBN978-4-86249-247-0